GAFAMやBATHにも負けない
最速・骨太の
ビジネスコミュニケーション術

トヨタの会議は30分

山本大平
戦略コンサルタント／
事業プロデューサー

すばる舎

トヨタの会議は30分　～はじめに～

根回しや段取りの力は もはや誰にも求められていない

最近の企業の採用要件には、頻繁に「一定のコミュニケーション能力を有していること」といった記載があります。

みなさん、これに違和感を抱いたことはありませんか？

言ってしまえば、ごく当たり前のことを採用要件にしているわけです。

「コミュニケーション」とは意思疎通することですから、「意思疎通できる能力がある人しか雇いません」と言っているのと変わりません。

そんなの、採用以前の当たり前の話ですよね？

もちろんここにはちょっとした含意があって、**「我が社の仕事をするのに必要なコミュニケーション能力を持っている人を雇います」**というのが企業側の本音です。

では、その「（我が社の）仕事をするのに必要なコミュニケーション能力」って、具体的にはどんな能力でしょう？

対人関係をとにかく円滑に運ぶ力（あえて名付ければ『ことなかれ力』）のことでしょうか？

はたまた上司や同僚、部下などに、いつも心地よく働いてもらうための調整力を意味するのでしょうか？（こちらは『段取り力』や『ヨイショ力』でしょうか。）

当然ながらこの部分は、会社によっても変わってきます。

また時代によっても大きく変化しますから、かつて求められたコミュニケーション能力と、いま求められているコミュニケーション能力は違っています。

しかし、いままさに求められていて、かつ成長している勝ち組企業に求められているコミュニケーション能力について言えば（読者のみなさんも、こちらについて聞きたいですよね）、それは〝ギガ速で成果を出すためのコミュ力（コミュニケーション能力）〟です。

ひとりでできる仕事の量や成果などたかが知れていますので、協業やチームワークはいまでも、どんな企業でも必須です。

そうした最低限のチームワークを行うためのコミュニケーション能力は当然備えたうえで、さらにその速度が重要視されています。

ひと昔前なら、ヨイショ力やことなかれ力で昇進している方々も多くいました（昔はそれでよかったのです）。

しかし、いまはそんな牧歌的な時代ではありません。

業務で何かをしようとするとき、事前の社内の根回しが一番重要だ、という感覚では、現代ではもはや遅すぎです。

会議や打ち合わせをするのであれば、冒頭の5分以内に議題をおさらいし、出席者の問題意識を揃えたうえですぐに課題解決に向けた議論を行い、その会議や打ち合わせで解決案を策定しきるところまで話を進める。

あるいは日々の業務連絡であれば、それぞれのコミュニケーションツールの利点と欠点を理解して上手に使い分け、一度の短い連絡で必要事項を漏れなく伝える（日常的な連絡で、メールに『平素、大変お世話になっております』といちいち書いたりしない！）。

変化が激しく、将来の予測が困難なこれからの時代に企業が成長していく、いえ、そもそも存続していくためには、業務上のコミュニケーションには最低限これくらいの速度が求められるのです。

GAFAMやBATHのコミュニケーション速度に追いつけ！

私、いま、ものすごく当たり前のことを書いているつもりです。

読者のみなさんも、多くはそれが必要だとうなずいていることでしょう。

ところが、実際にコンサルタントとしてさまざまな会社と協業させていただくなかで、（みなさんが働いているかもしれない）企業での会議や打ち合わせにお邪魔すると、9割方の日本企業ではこういうコミュニケーションはまったく実践されていない、という事実をイヤというほど思い知らされます。

特に大きな企業になればなるほど、まぁ……コミュニケーションのスピードが遅いこと、遅いこと……。

「いやぁ～、昨日さぁ、電車でこんなことがあってね」といった上司の雑談から会議がスタートし、それに対して部下が「へ～、そうなんですか。それは困りましたね」といったお追従《ついしょう》を繰り出す、といった光景を何度も目にしてきました。

さらに悲惨なケースでは、上長の方のタバコ待ちで会議のスタート自体が遅れ、参加者が手持ち無沙汰で雑談して待つ、なんてこともあります。

いずれも歴史ある上場企業での話ですよ？

こういう現場に居合わすと、いつもこう思います。

「そろそろ、マジでヤバイな、日本経済」と。

私は仕事で、いくつか外資系の企業ともお付き合いさせていただいています。

特定は避けますが、いまをときめくＧＡＦＡＭ（Google, Apple, Facebook, Amazon, Microsoft の略称）のなかに含まれている企業とも会議や打ち合わせをします。

そうした外資系企業の会議や打ち合わせにおけるコミュニケーションスピードの速いこと！

会議や打ち合わせでは、参加者それぞれが次に何をするか、いつまでにそれを行うかを明確にして閉めるのが鉄則になっています。

そして必ずその期日を守るのと同時に、ハッキリと意見を言い合います。

もちろん外資系企業にだって人間関係はありますが、業務上必要なことであれば意見が衝突することもいといません。

業務上の意見の違いを、普段の人間関係に持ち込まない雰囲気があります。

また、知らないことは「知らない」とハッキリ言います。わからないままに話が進んでも、その後の議論が時間の無駄になるからです。

正直、「そら成長するわ」と感じます。

欧米系の企業だけでなく、近年成長著しいBATH（Baidu, Alibaba, Tencent, Huaweiの略称）などの中国系企業でもこれは同じです。

中国系の企業は中央集権的で役職者の権限が大きく、即断即決の傾向はむしろ欧米系企業より際立っているとされます。

何か提案をされると、チームの意見を聞くこともなく役職者がその場で即決！という場面を、ビジネス系のドキュメンタリー番組などでもよく観ますよね？

現在、経済は完全にグローバル化しており、日本企業はこうした欧米系や中国系の企業と真正面から競争しなければなりません。

彼らだって現代のグローバルな競争環境、また技術進化が激しく目まぐるしく状況が変化していく時代に適応するために、いまのようなギガ速のコミュニケーションスタイルを進化させてきたのです。

日本企業もそれに合わせなければいけないはずですが、実態は先ほどお伝えしたとおりです。

日本経済がここ20~30年パッとしないのも、むべなるかな、と感じずにはいられません。

――でも、そんなのちょっと悔しいじゃないですか!

私は、いまは少々後《おく》れをとってしまっている日本の会社が、再びアメリカ企業や中国系企業を驚かせるようなコミュニケーション能力を手にすることは決して不可能ではないし、実はそんなに難しいことでもないと感じています。

たとえば時代を少しさかのぼってみれば、日本経済が高度経済成長期にあった頃には、日本の企業は、実はその時代では世界レベルで「速っ」と思われる速度でコミュニケーションをしていたはずです。

当時は日本もコミュニケーションテクノロジーの進化を担う先頭集団にいましたし、

競争力が問われる時代でしたから、企業の〝空気〟としても無駄な時間はなるべく少なくして、素早い意思決定をしよう、というコンセンサスがあったのではないでしょうか？

そうした日本企業を、海外の企業は大いに恐れていたわけですし……。

日本を牽引する企業はあくまで泥臭く それでいて最速・骨太

そして実はいまでも、そうした素早い意思決定や、無駄のないコミュニケーションを維持している日本企業があります。

長い歴史を誇ると同時に、現在でも高い競争力を持ってグローバル市場でトップを走っている企業です。

その企業は私の古巣でもあるのですが、歴史ある大企業なのに、日本の大企業によくある（異常に）遅いコミュニケーションが存在しませんでした（少なくとも私の周りでは）。

いつでも骨太。

直球で意見をぶつけ合って、サッサッと意思決定を進めていきます。

社内では超ローカルな三河弁や名古屋弁が飛び交っているのに、その後に経験したＧＡＦＡＭやＢＡＴＨの会議や打ち合わせにも負けないギガ速のコミュニケーションがありました。

本書のタイトルとなっている「会議は30分」というのは、そうした素早く骨太なコミュニケーションの象徴というわけです。

……引っ張りすぎですね。その企業とは、トヨタ自動車です。

大企業なのに大企業らしくない泥臭い会社。

それこそが、私の知っているトヨタの本当の姿です。

本書は、あくまで私自身が体験した範囲内のことではありますが、そんなトヨタ自動車で実践されていた（そしておそらく、現在でも実践されているはずの）骨太、かつギガ速なコミュニケーションスタイルのエッセンスを紹介することで、それを参考にみなさんの今後のビジネスにおけるコミュニケーションをよりよいものにしてもらおう、という趣旨の本です。

トヨタについては、すでにジャスト・イン・タイムや自働化など、主に工場の生産性効率化やスリム化に関するノウハウが一般にも広く知られています。

ただ実際にそこで働いていた者の視点から見ると、実は**ビジネスコミュニケーションの分野でのスリム化にも、大きな特徴やノウハウがあった**と感じています。

まだあまり世に知られていない、会議術や部下指導法も含めたそうしたビジネスコミュニケーションのノウハウを、本書では幅広く紹介していきたいと思っています。

すべてに同意いただかなくてもかまいません。ぜひ一部でも参考にしていただき、みなさんの今後のビジネスシーンを生産性のあるものにしてほしいと願っています。

トヨタを飛び出し、異業種間転職を重ねた私だから見えてくるもの

そういう私自身についても、これまでのキャリアを少々説明しておきます。

新卒で愛知県にあるトヨタ自動車本社にエンジニアとして入社。

新型車の内装品質の向上や車内ノイズの改善（静粛性の担保）、生産現場の原価低減などに合計7車種で深く携わりました。

本書で紹介するビジネスコミュニケーションスキルのほかにも、社会人としての基礎はすべてトヨタで教えてもらいました。

その後、思うところがあって、カルチャーも業界も大きく異なる〝ザ・エンタメ会社〟のＴＢＳへと転職。

プロデューサーの参謀役として、さまざまな人気テレビ番組の制作、プロモーション、マーケティングに携わりました。

ちなみにその頃、トヨタ自動車の創業期を描いたスペシャルドラマ「LEADERS リーダーズ」のアシスタントプロデューサーとして、古巣であるトヨタに関するドラマに、なぜかＴＢＳ社員の立場で参加するという不思議なご縁を体験しました。

自分を育ててもらった会社のドラマをつくるという、ありがたい経験です。

さらにその後、それらのキャリアでの経験値を携えて、外資系コンサル会社のアクセンチュアに転職。

そこで経営コンサルタントとしての修行を積んだのち、独立。

現在は小さな小さな経営コンサル会社を運営し、主にビジネスデザインやマーケティングの分野でさまざまな会社と協働させていただいています。


こういうちょっと異色な異業種間転職をしてきた私ですが、最初に経験した会社がトヨタ自動車で、本当によかったと思っています。

その理由のひとつは、**「とにかく無駄を嫌う」トヨタの文化**が自分にフィットしていたこと。ていねいな言葉で言えば**「効率化」や「スリム化」を尊《たっと》ぶ文化がトヨタ自動車には明確にあり、それが私にはフィットしていた**のです（実はトヨタがそこまで無駄を省くのには、さらにその先に深い理由や背景があるのですが、話がずれてしまうため本書ではそれについては触れません）。

個人的な話になりますが、私は「渋滞」や「行列」や「遅延」が大の苦手です。

ディズニーランドで何時間も待ってスプラッシュマウンテンに乗れる人が信じられ

ないくらい、せっかちな性格です。

もちろんなんでも「早く、早く」と言っていてはチームでの仕事ができませんので、業務上必要なガマンはできますが、無駄な会議に出席しているとお尻がムズムズしてくるやっかいな人間です。

一方のトヨタ自動車は、本書でこれから詳しくお伝えするように、超大企業なのにＰＤＣＡを高速で回し（他社比較）、質実剛健を旨とする社風の会社でした。

トヨタの文化を代表する「ＫＡＩＺＥＮ」という言葉が示すように、業務上のちょっとした無駄でも、常に全力でなくしていく姿勢がありました。**当たり前のことを継続的に、突き詰めて行う文化**があったのです。

無駄な会議や生産性の低い打ち合わせをすると、上司に叱責されるような会社です。

トヨタのこうした社風や文化、そしてそこから成立してきたギガ速のコミュニケーションスタイルが私にはぴったりと合致したのです。おかげで、私自身も最速でひとりのビジネスパーソンとして成長できた（正しくは鍛えてもらった）と思っています。

いまもそのときのベースがあるからこそ、仕事相手とスムーズにコミュニケーションをとりながら、ギガ速に仕事を進められている自分がいるのだと実感しています。

ギガ速コミュニケーションができない企業は今後、淘汰されていく

繰り返しとなりますが、複雑性を増し、予測不可能な現代では、ギガ速で報連相をして、スピーディに意思決定をし、どんどん仕事を前に進めないといけません。

アメリカや中国の企業に勝つためには、**「検討します」なんて悠長なことを言っている時間などない**のです。企業には常にイノベーションが求められ、変わらなければ淘汰されてしまうのが日本経済の現状です。

本書を読んで、個々のビジネスパーソンが日本を代表する企業・トヨタ自動車で受け継がれ、また実践されてきた〝ギガ速で成果を出すコミュ力〟を身につけ、今後のビジネスシーンで活かしてほしいと願っています。

なお、これから紹介する内容は、あくまでも私がトヨタ社員として経験したもののうち、ビジネスコミュニケーションを促進し、かつ〝誰でもすぐに実践できる〟ものだけを選んでまとめたものです。

実際にトヨタで学んだことばかり（個別に断りを入れたものは除く）ですが、**トヨタ社内で標準化されているわけではない内容も多く含まれています**ので、その点はくれぐれもご留意いただきたくお願いいたします。

自分がトヨタで教育されたなかで「これは、もっと世に広めるべき考え方やノウハウでは？」と思ったものについては、トヨタ社内での標準化の有無にかかわらず取り上げました。まだまだ〝中の人〟にしか知られていないトヨタの慣習や考え方のなかには、いまは低迷する日本企業の復活にも役立つものが多くあると、外の会社を多く見てきた私は強く感じています。

そして**特に今回は、何かと悩み多き社会人生活5年以内の方々の力になれればと思い、この本を執筆するに至りました**。

本書の内容が、少しでも日本経済復活の助けになることを信じています。

本書の行き先案内板

生産性を上げるための「ギガ速なコミュニケーション能力」とは、具体的にはどのようなものでしょうか？

これから順に解説していきますが、最初に全体像を提示しておきましょう。

私なりに解析してみると、仕事の生産性を上げるには、左図に掲げた5つのサブ・コミュニケーション能力が必要だ、という結論に達しました。

1つ目は「時短に役立つ仕事術」です。

これはまさに、ギガ速で最大の効果を手にするための仕事の仕方です。

本書では、トヨタにおいて特にその特徴が出ていたと感じる〝会議術〟を中心に、いくつかのノウハウを紹介していきます。

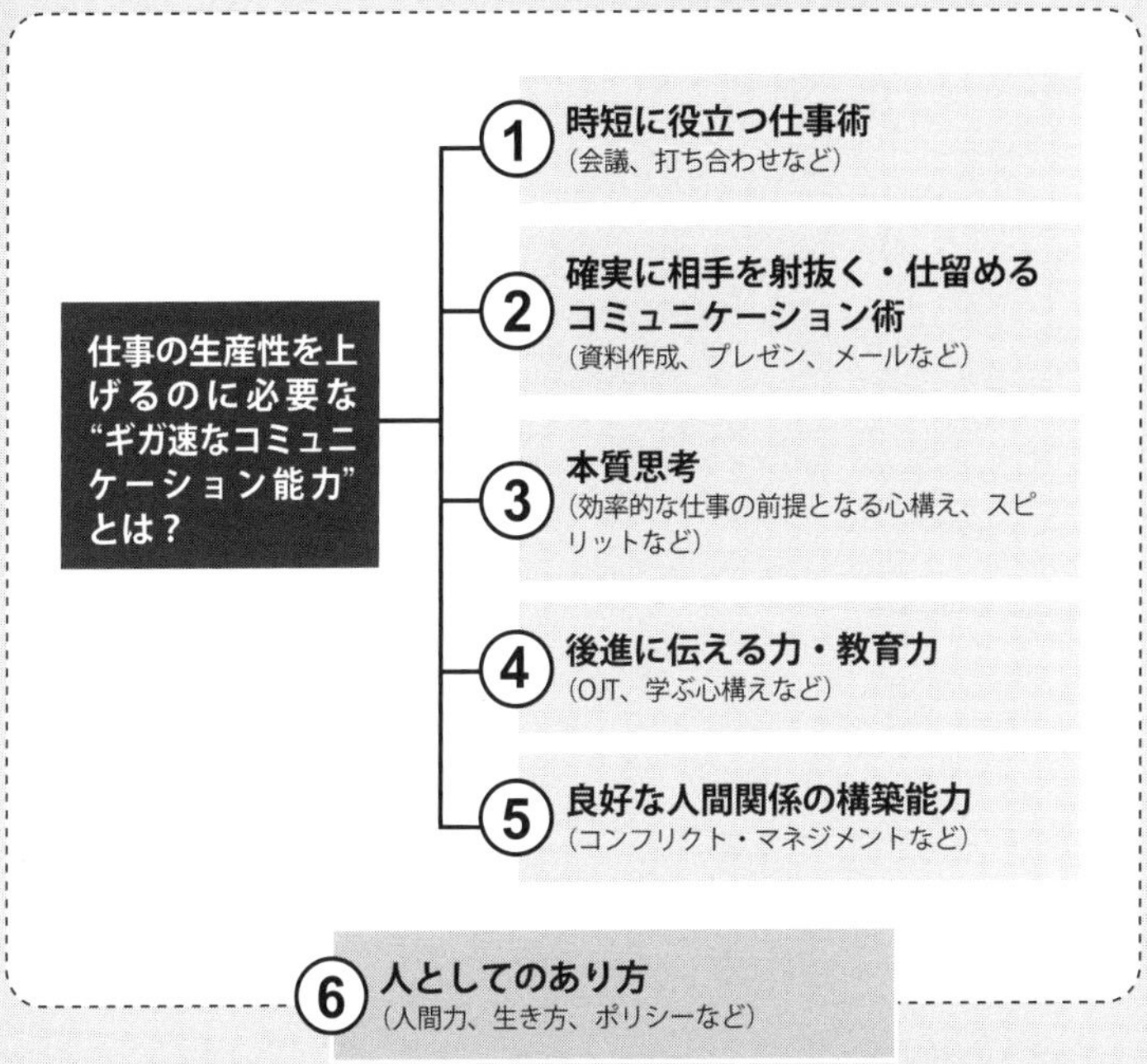

２つ目は「確実に相手を射抜く・仕留めるコミュニケーション術」です。

状況をその場その場で理解・判断し、脳みそをしっかりと働かせて相手を納得させる説明をしたり、切り返しをしたりする力です。

それぞれの場面で自身の考えをズレなく伝え、合意形成を図るために必要なコミュニケーションノウハウをまとめています。

３つ目は「本質思考」です。

こちらはテクニックというより、仕事の生産性を上げようとするとき、前提としてどういった考え方や態度が必要か、仕事への姿勢を示すものです。

そして4つ目は、そうした本質思考や仕事術、コミュニケーション術などを「後進に伝える力」です。「教育力」と言い換えることもできるでしょう。

本書では、トヨタという長い歴史を持つ企業が培ってきた教育ノウハウの一端を紹介するとともに、教育を受ける側の心構えについても触れています。

最後の5つ目は「良好な人間関係の構築能力」です。

仕事に限らず、さまざまな立場の人と、長い視点で良好な関係を築く力のことです。「良好な人間関係」はポジティブな関係性を構築すると同時に、ネガティブな関係性を極力減らすことでつくられます。

ここでは、ビジネスシーンで特に必要とされるコンクリフト・マネジメントの手法を中心に概観していきます。

本書では、これら5つのサブ・コミュニケーション能力にそれぞれ1章ずつを充《あ》て、詳しく解説していきます。

ただし実を言うと、コミュニケーションには1から5で提示したスキルやノウハウ、思考法ではどうしてもカバーできない領域も存在しています。

先に種明かししてしまうと、それは〝**人としてのあり方**〟です。

コミュニケーション術というものは、ある程度まではスキル化して習得することが可能です。

しかし、人間同士のお付き合いを前提にしたものである以上、最終的にはその人の「人間力」とか、その人の「生き方」のようなものが影響してきます。

みなさんも、どうせ仕事するのであれば、人柄がよい人と一緒に仕事をしたいと思いますよね？

相手だって、あなたに対して同じものを求めている場合が多いのです。

この〝人としてのあり方〟は、残念ながらスキルではないので、1日や2日で簡単に習得できるものではありません。しかし仕事相手への思いやり、つまり自責思考と利他の心があれば、必ずや自然に身についていくでしょう。

本書では第6章で、こうした〝人としてのあり方〟の参考となるエピソードを、トヨタから飛び出したあとの個人的な体験談も交えて紹介していきます。

これらの内容を理解しマスターしたときには、あなたはギガ速なコミュニケーションを駆使して、えげつない生産性を叩き出していること間違いないでしょう!

トヨタの会議は30分　もくじ

第3章

トヨタ魂の根幹「本質思考」

第4章 スピリットをつなぐ「トヨタの教育」

第５章　良好な人間関係を築く方法

第６章
人間力を嵩上げする「配慮」のつくり方

装　丁……小口 翔平＋奈良岡 菜摘（tobufune）
本文意匠……鈴木 大輔（ソウルデザイン）
企画協力……松尾 昭仁（ネクストサービス株式会社）
編集担当……菅沼 真弘（すばる舎）

第1章

極限まで無駄を減らす「時短会議術」

現在地の確認

仕事の生産性を上げるのに必要な“ギガ速なコミュニケーション能力”とは？

1. **時短に役立つ仕事術**
（会議、打ち合わせなど）

いまここ

2. **確実に相手を射抜く・仕留めるコミュニケーション術**
（資料作成、プレゼン、メールなど）

3. **本質思考**
（効率的な仕事の前提となる心構え、スピリットなど）

4. **後進に伝える力・教育力**
（OJT、学ぶ心構えなど）

5. **良好な人間関係の構築能力**
（コンフリクト・マネジメントなど）

6. **人としてのあり方**
（人間力、生き方、ポリシーなど）

30分会議で2ヶ月分の時間を捻出

30分の違いが圧倒的な生産性の違いを生む

早速ですが、トヨタでは「**会議は30分！**」と口を酸《す》っぱくして言われていました。

日本の会社では、会議や打ち合わせの所要時間として「1時間」を設定する場合が多いと思います。しかし実際には、**ほとんどの会議は30分で終わらせられます**。

最初から会議の所要時間を1時間と設定してしまうと、参加者は当然、その会議は1時間かかるものと思ってやってきます。本来なら30分で終わらせられる内容であっても、1時間かけて会議をすることになるのです。

これでは、後半の30分が無駄になります。

30分あれば、新幹線なら名古屋から京都まで行けてしまいます。

企画書なら2、3枚は書けるでしょうし、対外的なちょっとフォーマルなメールを1通書くこともできます。

それだけの時間を会議のたびに無駄にしていたら、年間ではすさまじい量の時間の浪費につながるでしょう。

実際に試算してみます。

たとえば管理職クラスのビジネスパーソンなら、1日に会議や打ち合わせが2〜3回あることは珍しくないはずです。年間の平日はおよそ240日なので、うち120日は1日2回、120日は1日3回の会議や打ち合わせがあると仮定すると、年間600回となります。

30分×600回＝300時間なので、毎回の会議で30分を無駄にするかしないかで、1年あたりおおよそ300時間もの差が出てくることになります。

1日8時間労働と仮定すれば37・5日分、つまりおよそ2ヶ月間の平日に相当する分、労働時間を圧縮することにもつながるのです。

会議や打ち合わせの設定を1時間から30分に変えるだけで、年間の6分の1の労働時間を別の仕事に充てられる可能性が出てきます。ここに意識を向けないのは本当にもったいないですし、知ったうえで放置していたとしたら、まさに「生産性の低い給与泥棒」になってしまうでしょう。

一定のルールに沿って時短会議のサイクルを回す

こうした事態を避けるため、トヨタでは特別な場合を除いて、会議や打ち合わせは原則として30分で設定するよう口うるさく指導されていました。

このように設定すると、時間が限られているという意識が参加者全員に共有されるため、余計な世間話などしていられません。会議が始まるやいなや、すぐに議題の確認と本質的な議論へと移ります。

とはいえ、議論が白熱すれば30分では時間が足りなくなることもあります。その場合には、必要な分数だけ延長することもよくありました。

ただしそれも30分までで、それ以上に時間がかかりそうなときには、別の会議を設定する、という形で運用されていました。

この延長時間を確保するため、会議の予定は立て続けには入れず、最低30分はあいだを空けて入れるようにも指示されていました。

また、会議を30分で終えるには事前の準備も欠かせません。

当然ながら**関係者には、前もってその会議で何を話し合うのか「議題」（アジェンダ）」を周知**しないといけません。それも漠然とした大きすぎる議題ではなく、ある程度は具体的な「**解像度の高い議題**」を事前共有することが求められました。

この議題の事前共有ができていないと、担当者のところに会議の参加者から「今日の会議、議題はどうなってるんだ？」と会議前に矢の催促がくることになります。上司にも問い詰められますから、会議開催の必須要件となっていました。

逆に、トヨタでは**会議の主催者側は、議題の事前共有さえきちんとしておけば、それ以上の準備は求められませんでした**。あれもこれもと関係する資料を想定して、あらかじめ用意しておく必要はありません。

どういうことかというと、各参加者が事前に共有された議題に沿って、必要な情報や資料をそれまでの仕事の文脈から〝勝手に推測して〟用意してくれるのです。

もちろん主催者側もそれなりの準備を怠《おこた》ってはいけないのですが、そもそもほとんどの会議や打ち合わせにはそれ以前の仕事からの文脈があり、その会議以前の会議や打ち合わせで「次は何を話し合うか」も決めています。

そのため、いわば「ネクスト会議」では、前回の会議や打ち合わせ以後に各参加者が動いた結果の情報交換から始まり、その後にいきなりブレストや意見交換になる、というケースが多いのです。

このサイクルを回すために、**会議や打ち合わせの最後には「次は何を打ち合わせるか」を決めて終わらなければならない**という不文律もありました。

まとめると、トヨタの会議や打ち合わせは、左に図示したようなサイクルに沿って〝回して〟いくことが原則になっていました。

これを習慣化・仕組み化することで、無駄なく、最速で意見交換やブレストができる会議や打ち合わせを実現していたのです。

■ ある1日における会議設定のルール

⇒主催者からの議題の再通知（事前連絡）

会議①　【冒頭】前回会議後の状況変化の確認・共有

▼

即座に本題へ

▼

【終盤】必ず「次は何を話し合うか」を決めてから終了

原則30分で終了！（追加で30分まで延長可）

→ **次の会議の議題に**

⇒必要に応じてホワイトボードの議事録化（事後送付／後述）

会議の予定は30分以上の間隔を空けて入れる

⇒主催者からの議題の再通知（事前連絡）

会議②　【冒頭】前回会議後の状況変化の確認・共有

▼

即座に本題へ

▼

【終盤】必ず「次は何を話し合うか」を決めてから終了

原則30分で終了！（追加で30分まで延長可）

→ **次の会議の議題に**

⇒必要に応じてホワイトボードの議事録化（事後送付／後述）

10秒でチェック！

☑ 30分の違いにこだわることで
仕事に使える時間が年間で2ヶ月分増える

☑ 会議と会議のあいだに予備時間を置くことで
延長にも臨機応変に対応可能

☑ 各回の会議や打ち合わせの最後に
「次、何を話し合うか」を決めるとスムーズに回る

無駄な「定例会議」と「上司の付き添い」は認めない

毎月集まって話すことは本当に必要ですか？

トヨタの会議や打ち合わせで特徴的な点としては、いわゆる「定例会議」がないことも挙げられます。

多くの日本企業には「定例会議」なるものが存在していますが、私はそれに出くわすたびに「よくもまぁ、毎月そんなに話すことがあるものだ……」と正直、呆れてしまいます。

しかも大抵は1時間以上の長時間の設定がされていますよね？

それで給料をもらえるのだから、日本のビジネスパーソンはある意味で恵まれすぎているのかもしれません。ただ問題は、現在の日本企業を取り巻く経済環境のなかでは、いつまでもそうした現状を続けられないのが明らかなことです。

もちろん私も、コンサルタントになって以後は、さまざまな企業での定例会議にお邪魔した経験があります。しかしほとんどの定例会議では、何か建設的な話し合いが行われるわけではなく、ただ毎月の営業数字の確認と、マネジメント層による精神論の訓示、雑談などがなされているだけ、という印象を持っています。

実際に多くの参加者もそのように感じているようで、死んだ魚のような目をしながら資料を眺めているだけの人や、目をつむって黙っているだけの（眠っている？）人も散見されます。

みなさんの会社の定例会議も、そんな状況に陥っていないでしょうか？

ほとんどの外資系企業やベンチャー企業では、こうした定例会議は設定されていません。

グローバルな市場でさまざまな外国のライバル企業としのぎを削っているトヨタでも、**定期的に行われる「定例会議」の類《たぐ》いはよほどのことがない限り設定されず、関係者で話し合う必要が生じたときには、その都度30分の会議や打ち合わせが設定される、という形になっていました。**

仮に意味もなく定例会議なんて設置しようとしたら、上司にどれだけ詰められるかわかりませんし、そもそも呼ばれた側もこないので、そんなものは誰も設置しようとは思わない、という感覚です。

任せないから部下が自立しない

会議や打ち合わせに出席するメンバーについても、トヨタはほかの日本企業とは大きく異なっていたな、と感じる点があります。それは、**上司と部下が2人で会議や打ち合わせに参加することが、基本的には許されなかった**ことです。

トヨタ社員だった当時にはそれが当たり前で、特に意識したこともなかったのですが、あとになって「あれは、日本企業としては特異な習慣だったんだな」と感じています。

これもあくまで「基本的には」なので、よほど重大な会議などでは上司と部下の両者が出席することもあります。しかし、本来はどちらかが出ていれば用は足りるはず。

上司と部下は親子ではなく、上司は保護者でもありません。

お互いにサラリーをもらっている〝プロ〟なのですから、「会議なんて担当者が1人出席すればそれで十分だろう」という習慣、あるいは社風でした。

まだ経験が少ない若手社員などは、(もちろん事前の教育や研修はありますが)いきなり1人で会議に出てこいと言われるわけで、最初は戸惑ったり失敗したりして、それで叱責されたりもするわけです。しかしそれでも、プロなんだから自分で処理しろと、ある意味で放り出されます。

そして、どうしても足りなかった部分は、会議や打ち合わせのあとに上司が指示してカバーする。

そのようにして**早い段階から常にプロとしての自覚を持たせる**意図があったのでしょう。「お互い大人なんだから、いつまでも甘えんなよ」という感じです。

上司の側でも、なかなか仕事を部下に任せられないタイプの方は、このトヨタ式だと最初は不安を感じることが多いようです。部下の会議には同席しないと上司の気が済まないし、周囲も担当者より上位の責任者として上司の同席を求める、という日本企業が多くあることも承知しています。

しかしトヨタでは、**原則として上司は部下の会議に同席しないので、強制的にマネジメントの仕事に専念させられます。その間は別の仕事に取り組める**のです。

みなさんの会社でも、上司と部下が会議にセットで参加するのは、みっともないからもうやめませんか？　彼氏・彼女じゃないんですから。

いつまでも任せないから、部下が成長しないのです。

もし会議報告がしっかりできないようであれば、そのときにきっちり叱ればよいだけの話。そうやって育成を試みる方法も、今後はアリではないかと思います。

また上司がフルに自分の仕事に専念していれば、忙しくて部下の担当分野の会議には「○○君、キミ、あの会議に出ておいてくれ」と言うことになるはずです。

そうなっていないということは、上司が十分に生産性ある仕事をしていない証拠でもあります。

いまだにベンチャースピリットを忘れていないトヨタ

ひとりのコンサルタントとして、クライアント企業にこうしたトヨタ式の会議や打ち合わせの実施を提案すると、大手の企業では「30分会議では物足りない」「やる気がないのでは？」などと受け取られることがよくあります。

しかし早期の上場を狙っているようなベンチャー企業やスタートアップ企業の方は、「この会議手法は無駄がなくて助かります」と喜んでくれる場合がほとんどです。

彼らにとっては、いつどんなときでも「タイム・イズ・マネー」なのでしょう。そしてそれは、トヨタ自動車のテンポにも非常に似ているのです。

トヨタでは、お金を稼ぐこと自体をゴールにしてはいませんでしたが、時間への意識はすごく高かったです。とにかくトヨタの上司や先輩からは、「**会議時間の1分も無駄にするな**」と耳にタコができるほど言われ続けました。

それが、私の知るところの「トヨタの会議や打ち合わせ」です。

読者のみなさんも、そんな〝ベンチャー企業的カルチャー〟をぜひ参考にしてください。

10秒でチェック！

☑ 建設的な議論をしづらい「定例会議」は最初から行わない

☑ 会議には原則、担当者1人だけが出席し上司の付き添いは認めない

☑ 部下は上司を当てにせず上司は部下に仕事を任せる

ホワイトボードの記入内容をそのまま議事録に

いちいちまとめて清書する時間などない

ビジネスシーンでは、会議の性質によって記録としての議事録が必要になることもあります。

こういう場合、トヨタでは（少なくとも私の周辺では）、**ホワイトボードの記入内容をそのまま議事録として利用している**ケースが多かったです。

マジックで板書した内容をそのままプリントアウトしたり、データ化したりできるホワイトボードが市販されていますよね？　その機能をフル活用していたのです。

一般の企業であればスマホで撮る写真でも代用できるかと思いますが、トヨタの場合、情報漏洩《ろうえい》対策でカメラ付きのスマホやガラケー、ノートパソコンなどをオフィス内へ持ち込むことは厳しく制限されていました。

そのため、プリントアウト可能なホワイトボードが重宝されていました。

会議中は基本的にホワイトボードを使用し、会議の主催者がファシリテーターを務めつつ、議論の内容をリアルタイムで記入していきます（ファシリテーターと記入役を分けることもありました）。

会議が終わったら、最終的なホワイトボードのデータをプリントアウト。その紙をスキャナーで読み込んでＰＤＦ化し、各参加者のアドレスにそのまま議事録として送付。これで終わりです（私の在籍時にはこの方法でしたが、いまはより高性能となったホワイトボードから、板書内容をデータ化してそのまま各参加者のアドレスに送ることもできるようです）。

上司への報告などにもこのデータや、それをプリントアウトしたものがそのまま使われていました。それで文句を言う管理職には、トヨタ社内では会ったことがありません。

つまり、書記や議事録担当を決めて、話し合われた内容を発言者ごとにまとめて、清書して……といった日本企業でよくあるパソコンを使った議事録作成業務は、トヨタでは基本的に行われていないのです。

率直に言って、**そんな生産性の低い業務をしている暇など誰にもない**からです。

ちなみにトヨタ退職後の私の外資系企業における経験でも、日本の大企業の多くで作成されているような詳細な議事録には、一度もお目にかかったことがありません。

民間企業は、メモや議事録にも公文書としての性質が生じる役所や公的機関ではないのです。議事録にホワイトボードのデータをそのまま使用するこの方法は、もっと多くの企業で導入されてもいいのではないかと常々思っています。

本当に必要なのは、時間をかけて清書されたきれいな紙ではなく、議論の内容を関係者にいち早く伝えることなのですから。

一定の型に沿って議論することで誰でも1枚にまとめられる

ホワイトボードをこのように使用するため、トヨタ在籍時には、必要な議題を押さえつつ、ホワイトボードの板面スペースのなかに収まるよう議論をコントロールする力や、リアルタイムでその内容を限られたスペースにまとめて記述する力が求められました。

勝手に名付けるなら、「**リアルタイム要約力**」です。

これはかなり高度な要求なので、会議中、ファシリテーター（と記入役）は脳みそをフル回転させることになります。

入社後、上司がこの作業をしている光景を初めて見たときには、さらさらとそれをこなしていく上司が、決してイケメンではないのに、ちょっと素敵に見えてしまったくらいです（技術系の部署の管理職は、だいたい強面《こわもて》の頑固オヤジ風の外見をしています）。

また、**短時間のうちに必要な要素をすべて議論しきるため、業務上の「問題解決の型」が共通言語として教育され、必須知識として共有されていた**ことも、この方法を実現していくうえでのトヨタの強みだったように思います。

たとえばある課題があるとき、その課題の本当の原因である「真因」を探り、それに対する「暫定対策」と「恒久対策」を検討したうえで、実行するものを決め、ＰＤＣＡを高速で回していく。

あるいは課題は何で、エビデンスをもとに分析すると真因は何で、だから対策案はこうこうで、それぞれの対策のメリデメはこうで、それぞれの担当部署はどこで、いつまでに誰がやるか、といった内容をその場で最後まで一気に決めきってしまう。

こうした問題解決の型を細かく解説すると、それだけで1冊の本になってしまいますので、ここではその存在を紹介するにとどめます（その後の経験から、トヨタで利用されていた「問題解決の型」は、某有名外資系コンサルファームで活用されているものとほぼ同じものではないかと感じていますが、どちらが先かはわかりません）。

これらの型は「トヨタ・ビジネス・プラクティス（TBP）」とも呼ばれていて、新人研修で全社員に叩き込まれるのです。

そのすべてを紹介することはとてもできませんが、56〜57ページの図に「**ホワイトボードのまとめ方の型**」として私が徹底的に教育され、実際によく利用していたものをひとつ紹介しておきます。こちらを参考にしてみてください。

A3一枚にまとめるのは昇進試験のときだけ

ちなみに、トヨタの業務上の書類についての話になると、「なんでもA3一枚にまとめるんですよね⁉」という反応をされる場合があります。

これは、かつて『トヨタで学んだ「紙1枚！」にまとめる技術』（浅田すぐる 著／サンマーク出版）というベストセラーがあり、その本で語られていた内容に尾ヒレがついてしまったものでしょう。

実際に私がトヨタに在籍していた頃に経験した範囲内では、**Ａ３一枚にまとめるのは昇格試験のときなど限られた状況だけで、通常の業務ではデータや議事録などをＡ３一枚にまとめる作業はほとんどなかった**というのがファクトです。

Ａ３一枚にまとめることが本質ではなく、その1枚に要約するための「問題解決の型」にこそ価値があります。もし、日々起きる問題や課題一つひとつに対してＡ３一枚の書類にまとめて報告していたら、「お前は暇人か！」などと上司から確実に突っ込まれる雰囲気の組織でした。

特に東京では「トヨタはいつでもＡ３一枚にまとめるんだ」といったイメージが独《ひと》り歩きしてしまっている感があるのですが、現場ではまったくそんなことはありませんから、その部分の誤解は、この機会に解いておけたらと思います。

【3．対策検討】

真因A （不安はないが）寝る前に頭が冴えてしまう

対策案	スケジュール		
①寝る前に寝室でアロマをたく	勉強 → ・ネット検索 ・書籍購入 ・ヒヤリング 購入〜配送 → 評価 → ・２種類のアロマを試す	JUDGE	再検討期間
②寝る前にストレッチを行う	すぐに実施 →		
③ヒーリング音楽を聞きながら寝る（必要な器具を購入）	勉強 → ・ネット検索 購入〜配送 → 評価 → ・複数の音楽で試す		

２週間後

真因B 枕が経年劣化で合わなくなってきている

対策案	スケジュール		
④枕を買い換える（硬さ調整可能な仕様にする）	勉強 → ・ネット検索 ・ヒヤリング 購入〜配送 → ・ネットショッピング 評価 → ・ビーズの量を変えて硬さを調節	JUDGE	再検討期間

２週間後

真因C 朝方の窓から入るカーテン越しの光がまぶしい

対策案	スケジュール		
⑤いまより遮光度の高いカーテンを購入する	様子見 → 以前は眠れていた事実があり、費用もかさむため、上記①〜④の対策で問題が解決するかどうかを見極めてから購入を検討する	JUDGE	再検討期間

２週間後

【4．次回打ち合わせ】

２週間後に各評価結果を持ち寄って、再度打ち合わせ実施

- 効果があった場合は、継続すべき内容を絞り込む
- 効果がなかった場合は、別途対策立案をやり直す

■ ホワイトボードの典型的なまとめ方

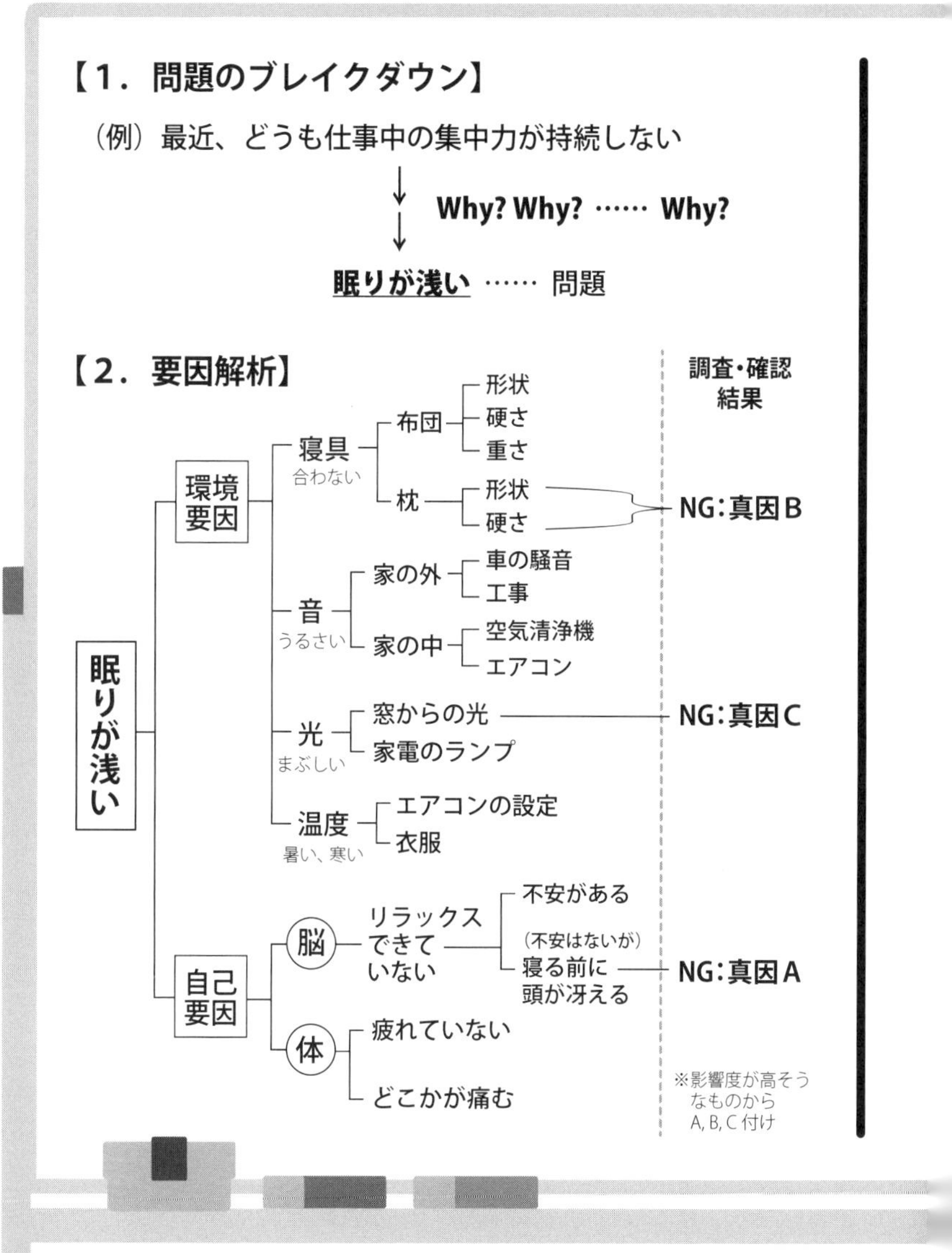

10秒でチェック！

☑ 会議や打ち合わせの議事録は
高機能ホワイトボードでのプリントアウトや
スマホの写真だけで十分

☑ どんな議題もホワイトボード1枚にまとめられる
「問題解決の型」を持つ

☑ A３一枚に限らず
きちんとした書面にまとめることにはこだわらない

いきなり議論に入っていいか最初の5秒で判断する

参加者のコンディションがイマイチなときは意識を集中させる間が必要

トヨタの会議では、ひとつ前の会議において「次、何を話し合うか」まで決めているので、いきなり本題に入れる、ということを以前にお話ししました。

しかし実際の会議では、参加している人のコンディションがその都度違います。昨日の会議の続きを今日の午前中に再度行う、というような場面ならみんな頭もシャッキリしているでしょうが、あいだに週末や連休を挟んだりすると、（本来あってはいけないことですが）自分自身も参加者も少し休みボケしている可能性があります。

あるいは、多忙で前の会議で何を決めたのか、少し曖昧《あいまい》になっている人がいるかもしれません。

そのため会議や打ち合わせを始めるときには、最初に参加者の様子や表情、全体の雰囲気などを5秒ほど見回して、いきなり議論に入っても大丈夫そうかを確認するようにしていました。

これは、そのように教えられたというよりは、トヨタ式の会議に対応するために自然にそのような習慣ができていったものです。

参加者全員のプロ意識が高く、またコンディションもよければ、顔も上がっていて（主催者である）自分に視線が集まり、表情や雰囲気もピリッとしています。

こういう状況なら、前置きなしでいきなり議論に入ったほうが、参加者の期待に応えることになり、時間を無駄にすることもありません。

しかし、人間ですから必ずしも毎回そのようにはならないでしょう。

5秒間くらいで冒頭の場の雰囲気をパッと読み取って、少し緩んでいる人もいるな、と感じたときには、「みなさん、この前までの流れを覚えていますか？」「少しおさらいしたほうがいいですかね？」などと**参加者に声をかけ、その後、手短に前回までのおさらいをして、参加者全員のマインドを揃える**ことをトヨタ時代の上司や先輩は（そして私も）よく行っていました。

もちろん「おさらい」といっても、何分もかけて細かく決定事項を説明するわけではありません。ひと言ふた言で前回の結論と、今日、何を話し合うことになっていたかを再確認するだけ。時間にして30秒くらいの短いまとめです。

「前回は□□という課題に対して、おおよそ手もとの資料1のような結論になりました。今日は、それを受けて○○について話し合うことになっています」と軽くおさらいして、では、と本題に入っていくのです。

こうすることによって、**参加者が意識を調整して集中するための間をとれる**ので、その後の議論にスムーズに入っていけていました。

ちなみに、もしその日が話し合う議題に対する最初の会議であるとか、全員がもう前回までの結論をわかりきっているような状況であるのなら、おさらいの代わりに軽い雑談をすることもありました。

ただし、あくまで数十秒程度の短い雑談です。

一般的な企業では、おそらくはこの「軽いおさらいをしてから本題に入る方法」が、慣れるまではやりやすいでしょう。参考にしてください。

トヨタの人間観察法

この「5秒で状況判断」は、実は会議以外の場面でも使えます。
社外の人と会う場面です。

ある上司には「**人は5秒で見抜け**」と言われました。
これは決して「見た目で判断しろ」という薄っぺらい意味ではなく、相手が身につけているものや表情、仕草、視線、声量、雰囲気、名刺の出し方……などなどから、**相手の人物像を自分なりに分析するクセをつけろ**、というアドバイスでした。

たとえば外見上、目立つアクセサリーや時計、特徴などには、その人のコンプレックスや内面の欲望が出やすいと心理学では言われています。ビジネスシーンでの例を挙げれば、過度に豪華できらびやかな時計をしている人は、本当は自信がないからこそ、そのような形で「誤魔化し」をしているのかもしれません。

あるいは名刺交換の際に相手の顔を見るか、名刺を見るかで、相手に心理的な余裕があるかどうかをある程度うかがうこともできます。

テレビ局で働いていた頃、多くの芸能人や著名人の方にご挨拶する機会がありましたが、そういう方の多くは挨拶のときにじっとこちらの顔を見てきました。なかにはバッチリと視線を合わせて、こちらの顔を覗き込むようにして握手してくる方もいます（芸能人の場合、名刺を持たない方が多いのです）。

そういう方との打ち合わせでは、終始押されっぱなしになってしまうこともよくありました。

交渉事などで相手の心理状態を把握できれば、弱気になっている相手には、あえて強気に出る、というような対応もできるのです。

実際にどのように役立てるかは別として、**自分なりに相手の人物像や心理状態を見抜こうとする姿勢は、あらゆるビジネスで求められるもの**でしょう。市場調査をするようなつもりで、みなさんも試してみることをお勧めします。

かくいう私自身、トヨタ退職後のキャリアでは、この習慣に非常に助けられました。

10秒でチェック！

☑ 会議や打ち合わせでは冒頭の場の雰囲気を5秒で判断する

☑ 全員が集中していれば即本題に空気が緩んでいたら軽いおさらいで短時間のうちに集中させる

☑ 社外の人と会うときにも最初の5秒で人物像を推測するクセをつける

「会議ではメモなし」が暗黙知

相手の顔をしっかり見ながら話を聞けばより早く、より深い理解ができる

会議や打ち合わせで、真剣にメモをとる人たちがたくさんいますよね？

会社によっては、メモをとっていないと、むしろ「真剣に聞いていない！」などと怒られるようなところもあります。

ただ、そのメモですが、あとから見返すことってどれくらいありますか？

実は、ほとんどないのではないでしょうか？

ちょっと極端な話をします。合コンで会話を楽しんでいるとき、話しながらいちいち「○○さんの趣味は映画鑑賞で、特に『プラダを着た悪魔』が好きで……」とメモをとっている人がいたらどう思いますか？

仮に女性の立場なら、そんな男性の近くからはできるだけ早く離脱したいと考えるでしょう。男性であっても、「ちょっと、この子とは仲よくできないかな？」などと考えると思います。

つまりは、そういうことです。

ビジネスの場ではメモをとることが当たり前になっているので、あまり違和感を抱かないのですが、**本来、人と人とのコミュニケーションという観点では、会話中に熱心にメモをとること自体が不自然な行為**なんです。

相手が目の前にいるのに、その相手の顔を見ずに手もとのメモを見ながら、何かを書き込みながら話を聞く――これは相手の話に興味がない印象を持たせ、下手をすると相手を怒らせることさえある行動なのだと認識しましょう。

業務上の会議や打ち合わせでも、相手が目の前で話しています。

それなのにメモをとることに夢中になっているとしたら、話し手に失礼だし、そもそも本当はその話に興味がないのではないか、と相手に思われても仕方がありません。

それよりも話し手の顔をしっかり見て、表情や身振り手振りなどのノンバーバルな情報も取り入れつつ、自分の脳みそに相手の話を深く刻みつけたほうが**コミュニケーションにズレが生じませんし、理解の深さや速度も向上する**はずです。

こうした理由から、トヨタで私が所属していた部署では、**基本的に「会議や打ち合わせ中はメモなし」**が暗黙のルールになっていました。

メモをとっていると「人が話しているのに、お前はなんでちゃんと聞かないんだ？」と叱られることもありました。もしかすると信じられない人もいるかもしれませんが、トヨタは基本的に、かなりメモしない会社なのです。

ただし、これはトヨタ内で必ずしも標準化されていたルールではありませんので、部署によってはメモを推奨しているようなところがあるかもしれません。しかし、同様の〝会議中にメモをとらない〟が暗黙の慣習になっていた部署は、社内でもかなり多かったのではないかと推測しています（たまに議論に参加しない・できない人が、他者と視線を合わせないための〝逃げ道〟として、懸命にメモをとっていた記憶はありますが……）。

議題に興味があるならメモをとらなくても忘れない

「いや、でも私は忘れっぽいから、やっぱりメモをとります」という人には、別のたとえ話をしましょう。

あなたがテレビを観ていて、その番組が「M1グランプリ」だったとします。

そのM1の決勝を観ながら、その漫才のボケとツッコミの内容をリアルタイムでメモにとりますか？

あとからそれがどんな漫才だったか、細部まで再現しなければならないような特殊な状況ならメモをとる必要があるかもしれませんが、そうでないなら、普通に聞くだけでおおよそどんな内容の漫才かは記憶できるはずです。

日常会話で話題にされたときにも、十分対応できるのではないでしょうか。


基本的に言葉さえわかれば、人間はメモがなくても、話したり聞いたりした内容は脳に記憶されていきます。

ただし興味がないことは、どんどん忘れていきます。誰しもそうだと思います。

よって、**あまり興味がわかないけれども覚えておかなければならない内容なら、会議や打ち合わせが終わったあとに、要点や数字などだけメモすればいい**のです。**リアルタイムでは相手の話に集中する**ようにしましょう。

相手の話に興味があり、自分にとって仕事やプライベートで必要な情報なら、メモをとらなくても勝手に脳にインプットされていきます。脳をフル回転させて、相手の話をしっかり聞くことのほうを重視してください。

なお、脳の仕組み上どうしても覚えにくい、多数の数字などが会話のなかで提示されたときには、さすがにリアルタイムでメモをとる必要があります。

ただしそうした数字は、あらかじめ資料が用意されているケースがほとんどなので、やはり、リアルタイムでのメモの必要性はあまりありません。

最初は不安になるが慣れればメモなしでも問題なくなる

会議や打ち合わせの最中にメモをとるだけの余裕があるなら、むしろ話し手に対してさらなる情報を求めるようにするのもお勧めです。

つまり相手が教えてくれた情報に対して、その場でさらに「なぜ?」を何度か繰り返すことで、トコトン相手の真意を探るのです。

そうすることでより深いところまで情報や知見が得られますし、あなた自身が言葉を発しているので、そこで行われたコミュニケーションの内容はメモをとる場合よりも数段深くまで脳にインプットされ、忘れにくくなるはずです。

メモ帳はそうして記憶した内容を整理するための「**思考ノート**」として使うことを意識してください。

ベストセラーとなった『メモの魔力』（前田裕二 著／幻冬舎）でも、単なる記録としてのメモではなく、自分の考えを整理するためにこそメモは役立つ、という内容が述べられていました。そこを間違えないようにしましょう。

いま現在、会議や打ち合わせ中にリアルタイムでメモをとることに慣れてしまっている方にとっては、すぐに会議中のメモをやめてしまうのは怖いことかもしれません。しかし、だまされたと思ってぜひ試してみてください。

少し時間が経てば、「どうしてあんなにメモをとることにこだわっていたのか……これまでその作業に費やしてきた時間を取り返したい！」と思えるはずです。

会話中のノートパソコンでの記録も もちろんダメ！

ちなみに、同じ理由で**会議や打ち合わせの最中にカタカタカタとノートパソコンで記録をとる行為も、トヨタでは見かけませんでした**（少なくとも私の周辺では）。

情報漏洩対策でパソコンの移動や持ち込みが制限されているという事情もありますし、メモをとるのさえダメなのですから、会話中にノートパソコンなどで記録をとっていたら上司や同僚に何を言われるかわからない、という事情もあります。

最近はそうした「カタカタ君」が全国的に増殖している気がしますが、**なんとなく作業をしている気になるだけで、大した意味はない**ので絶対にやめたほうがいいと思います。

それよりも相手の目や顔を見て話をよく聞き、自分の脳という高性能ハードディスクに、情報をしっかり記録することを意識してください。

10秒でチェック！

☑ 会議や打ち合わせ中にメモをとる行為は人対人のコミュニケーションとして不自然

☑ トヨタでは多くの場合会議や打ち合わせ中にメモをとらない

☑ リアルタイムでは脳をフル回転させて話に集中必要ならばあとで数字をメモるくらいで十分

第❷章

確実に相手を仕留める「コミュニケーション術」

現在地の確認

仕事の生産性を上げるのに必要な“ギガ速なコミュニケーション能力”とは？

1. **時短に役立つ仕事術**
（会議、打ち合わせなど）

2. **確実に相手を射抜く・仕留めるコミュニケーション術**
（資料作成、プレゼン、メールなど）
いまここ

3. **本質思考**
（効率的な仕事の前提となる心構え、スピリットなど）

4. **後進に伝える力・教育力**
（OJT、学ぶ心構えなど）

5. **良好な人間関係の構築能力**
（コンフリクト・マネジメントなど）

6. **人としてのあり方**
（人間力、生き方、ポリシーなど）

1分でOKをもらえる資料のつくり方

紙の資料なら1分で必要な情報を十分伝達できる

現在どうなっているか正確にはわかりませんが、トヨタでは些細な設計変更やシステムの試験的な図面変更でも、必ずその都度、上司の承認を得ることが必須とされていました。

これは現在のように変化のスピードが著しい時代には、あまりよくない部分かもしれません。ただこうした技術面の事柄については、トヨタでは自動車という人の命を預かる商品をつくっているので、企業として承認ルールを画一化する必要があったのでしょう。

とにかくそのようなルールがあったため、日常業務のさまざまな場面で、上司の承認をもらいたい案件が現れてきます。

ところが、肝心の**上司の時間はなかなかもらえない**のです。

上司は上司で忙しく仕事をしているため、部下に担当させている分野でのこまごまとした変更についてまで、いちいち時間を割いて説明を聞いていたら自分の仕事が終わりません。

そのため、「ペライチの資料にまとめて持ってきて！」などと指示されることが多く、そうした資料のつくり方についてみんなが習熟するようになっていました。

こうした資料を介したやり取りも、ビジネスコミュニケーションのひとつです。

なおここで言う「ペライチ」は普通にA4一枚のことです。A3一枚のことではないのは前述のとおりです。


指示どおり（あるいは、最初から）**ペライチの資料に必要な内容を簡潔にまとめ、上司の仕事が途切れたタイミングを見計らって「○○さん、1分いいですか？」などと声をかけて少しだけ時間をもらいます**。

1分くらいなら、相手がよほど都合の悪いタイミングでなければ、まず断られることはありません。ちなみにこの「1分いいですか？」は、大学の研究室でも外国人ドクターがよく使っていました。万国共通のテクニックなのでしょう。

そして**あらかじめまとめておいた資料を渡して、「○○の件ですが、これで進めてよろしいですか？」とだけ聞き、本当に1分以内に即決してもらう**、というやり方をしていました。

要点を押さえた資料がつくれていれば、ほとんどの場合は実際に即決してもらえましたし、何か問題がある場合でも、上司からひとつふたつ質問されて、それに答えることで次のアクションの指示をもらえていました。

本当に忙しい人には「結論を先に」でも不親切

具体的にはどのようにまとめればよいのか、例を挙げて紹介しましょう。

ある車種で走行中にノイズが発生する不具合が起きていて、対策aと対策bのどちらがよいか検討していたとします。

この状況に対し、いろいろな調査や予備試験、関係部署での打ち合わせなどを行った結果、自分のなかではおそらく対策bがよいだろう、という結論がすでにあるものとします。あとは上司の承認を得るだけの状況です。

――このような状況で、どのように資料をまとめればいいのか?

相手はとにかく忙しくて時間がありません。「1分いいですか?」とお願いして時間をもらっているので、**実際に「1分で読めるようにまとめる」ことが大切**です。

① 「何の話か」を書く

まず**結論から書くのではなく、「何の話か」から書いてください。**この資料のお題は何か? ということです。

よく「資料は結論から書け」と言われますが、**本当に忙しい相手はあなたの考える結論よりも、どの案件に関する話なのかを最初に知りたがるもの**です。よって、その情報を最優先で提示してあげます。

例であれば、「車種○○の走行中ノイズ対策について」です。

② 「いま、(上司に)どんな回答や判断が求められているか」を書く

次に①で提示したお題に関して、「いま、上司にはどんな回答や判断が求められて

いるか」、つまりどんなポイントについて上司に判断をしてほしいのかを書いてください。これも忙しい上司は何の判断をすればいいのかを早く知りたいので、その情報を最優先で提示しているだけです。

例では「対策aと対策bの検討結果承認をお願いします」とでも書けばいいでしょう。

③「結論」を書く

①と②のあとに初めて「結論」、つまりあなたがどう思っているか、どのように調整したかを書きます。

この場合だと「さまざまな検討の結果、対策bが有効だと思われ、設計変更の実施を求めます」などと書きます。

④「論拠」を列挙する

最後に③の結論を導いた論拠を列挙します。できるだけ3点の箇条書きにまとめて

■ 1分でOKをもらえるペライチ資料作成法

202X.XX.XX　山本

車種〇〇の走行中ノイズ対策について

①何の話か

依頼：対策ａと対策ｂの検討結果承認をお願いします

②読み手に何をしてほしいのか

結論：さまざまな検討の結果、対策ｂが有効だと思われ、設計変更の実施を求めます

③結論

結論に至った論拠：

④論拠

- **対策 a の評価結果**
  ノイズ低減値　XXdB（現状 XX：dB → 対策 a 導入値 XX：dB）
- **対策 b の評価結果**
  ノイズ低減値　XXdB（現状 XX：dB → 対策 a 導入値 XX：dB）
- **対策 b は対策 a に比べて XX dB 分、ノイズ低減値が大きい**

補足：

- 本検討には内装設計部のＭさん、品質管理部のＨさんも立ち会いました
- 対策 a でも評価基準値はクリアできています
- 対策 a の設計変更に伴うコストアップと導入までの期間は、以前資料をお渡しして説明していますが、いつでも聞いてください
- 別の XX の対策検討は思ったようにうまくいかず、２週間後まで時間がかかりそうです

⑤補足

①～④についての関連情報の提供やコミュニケーション欄として活用

書くと、**より上司が理解しやすい**でしょう。

⑤　必要に応じて「補足」を入れる

①〜④まで基本的には問題ありませんが、もし追加で上司に知らせておきたい参考情報があれば、「補足」として末尾に記入します。ここも原則、箇条書きです。

前ページの図も参考にしてください。

その他、資料作成時のポイントは**上述した順番を間違えないことと**、**文字数をできるだけ減らすこと**です。**難しい専門用語を使うことも可能な限り避けます。**

多くの企業で課題になっている「情報のボトルネック」を解消

ペライチの紙にこれらをまとめるだけで、あっという間に必要な報告を済ませ、上司の承認を得られます。

実際に私は、トヨタから転職したあとのＴＢＳやアクセンチュアでもこの順番にのっとった資料をよく使っていましたが、どこでも上司やクライアントの評価は上々でした。その後のフリーのコンサルタント時代も同様です。


さまざまな企業でコンサルティングをしていると、多くの方が「ビジネスシーンにおける伝え方」で悩まれていることを実感します。

この資料作成法を身につけることで、そうした悩みも一部解消されるはずです。


この資料作成の順番は、口頭ベースの報告などでも同じように使えるため、ぜひ身につけるようにしてください。

私が本書でみなさんに伝えたいと思ったなかでも、その重要度が上位に位置するノウハウでもあります。

10秒でチェック！

☑ 忙しい上司への報告と承認取得はペライチの資料を利用して1分で済ませる

☑ 資料は「①何の話か」→「②いま、（上司に）どんな回答や判断が求められているのか」→「③結論」→「④論拠」→「⑤補足」の順番でつくる

☑ 口頭の説明や報告でも同じ順番で話せばOK

プレゼンでは聞き手を迷子にさせない

自分では意識していない専門用語に注意

会議や発表会などでプレゼンをするとき、一方的に話していませんか？　聞き手が迷子になっていませんか？

人間の脳はわからないことがあると、いったんそこで理解がストップしてしまいます。思考停止の状態です。

たとえばパワーポイントのスライドのなかで、日本語でも伝わる言葉をあえて聞き慣れない横文字にして、その言葉を中心に説明を組み立てたりしていませんよね？　いまさら言うまでもないでしょうが、こうした独りよがりなプレゼンは超恥ずかしいので、絶対にしてはいけません。

プレゼンは相手に情報を理解してもらい、行動してもらうためにするものであって、自己満足のために行うものではありません。

もしトヨタでそんなプレゼンをしたら、途中で「もういい！　やめろ！」と止められて、最後まで話をさせてもらうことすらできないでしょう。本当にそんな社風の会社でした。その辺りの雰囲気は外資系コンサル会社とは大きく異なるかもしれません。

独りよがりかどうかは別にして、プレゼンなどの最中に聞き手にとって耳慣れない、意味がわからない言葉が出てくると、わからない言葉が気になって、それ以降、聞き手の脳には情報が入ってこなくなります。

よって、**聞き手に専門知識を持っていない人も含まれる可能性があるなら、できるだけ平易な言葉を使う**ように意識しましょう。この本も、極力それを意識しながら書いていています。

業務の性質上、どうしても専門用語を使わないと仕事にならないときもありますので、そういう場合には**必ず注釈を入れる**ようにします。

同じ会社でも部署が違えば専門も異なり、わかると思って使った専門用語がチンプンカンプンという失敗もよくあります。**自部署以外の人が参加している場合には、常に言い換えや注釈が必要だと認識する**くらいでちょうどいいでしょう。

3つのポイントを押さえて話せば誰でもそれなりのプレゼンができる

不必要な専門用語や横文字を使わないことは最低ラインとして、話の途中にも、聞き手に安心感を与えながら話すことが上手なプレゼンのコツです。

ポイントは常に話の全体像と、いまどこを話しているかを聞き手に理解させること。聞き手はプレゼンをこれから聞こうとするとき、「どれくらいの長さの話かな？」とか「私に理解できる内容かな？」といった漠然とした不安感を持っています。その不安を解消してあげることで、よりリラックスした状態であなたの話を聞けるようになり、より深く、的確にあなたの話を理解してくれるようになるのです。

また、途中で理解できずに脱落してしまう人を減らすことも必要です。

次の3つのポイントを意識して話すようにしましょう。

① 冒頭に何を話すか説明しておく

プレゼンの最初に、「これから何の話をするか」を聞き手に明確に伝えましょう。

スライドを利用する場合なら、最初のスライドに箇条書きで、その日、話すテーマを3つくらいに分けて書いておきます。

長寿番組の「サザエさん」では、「さーて、来週のサザエさんは……」と翌日の番組の構成を事前に予告していますよね。あれと同じ要領です。

「今日は、この○○と□□、そして△△についてお話ししていきます」と、最初にいまから話す内容についての予告をし、聞き手に安心感を与えてください。

② 章立てどおりに話をする

聞き手が安心してリラックスした状態になったら、**冒頭に提示した章構成に沿って、順番どおりに話をしていきます。**

途中にアドリブで構成を変えると、途端に聞き手が不安になってしまいますから、話の順番はできるだけ変えないほうがいいでしょう。

③ 節目節目でおさらいと不明点の確認をする

冒頭で提示した章立ての節目となるポイントでは、**毎回、手短にそこまでの章の内容をおさらいします**。

そのうえで「いかがでしょう？ **ここまでで不明点などはありませんか？**」と、各自の理解に問題がないかを確認して、できるだけ脱落者を出さないように意識します。もし話についてきていない聞き手がいたら、簡潔に質問に答えてあげてもいいでしょう。

あるいは、質疑応答の時間を最後にまとめてとっている場合には、その旨を伝えてあげるようにします（できればその都度答えてあげるようにし、長くなりそうな場合にのみ、最後の質疑応答に誘導するのが理想です）。

そして全体を話し終わった段階で、再度その日に話したこと全体のおさらいと、聞き手の理解の確認をし、質疑応答を入れてプレゼンを終わります。

この3つのポイントを意識しながら話せば、プレゼン後に参加者の合意形成を図ることも難しくありません。

話の途中で細かく小さな承認をとっているので、最終的な大きな合意もとりやすくなるからです。

もちろん合意がとれない場合もありますが、少なくともプレゼンが不完全燃焼に終わることはなくなるでしょう。

トヨタでは、こうしたプレゼンの仕方も研修やOJTで教育されます。

個人的には対多数のプレゼンは苦手で、トヨタにいた頃はあまりうまくできなかったのですが、その後、少しずつスキルを磨いて、現在では大人数の聞き手の前でもそれなりに話せるようになりました。

向き・不向きもあるでしょうが、前述したポイントを押さえて話せば誰でもそれなりのプレゼンができます。みなさんも参考にして、スキルアップに励んでほしいと願っています。

10秒でチェック！

☑ 不必要な横文字は使わず専門用語には必ず注釈を入れる

☑ プレゼンの全体像がわかれば聞き手はよりリラックスして聞いてくれる

☑ 細かく同意を得ながら話しプレゼン後の大きな同意をとりやすくする

あがり症の人は目線と声質を安定させる

苦手を克服させた
トヨタの先輩のアドバイス

トヨタ時代の同僚に、T君という男がいました。

真面目で仕事熱心なものすごくいいやつです。しかし人前で話したり、プレゼンしたりするのだけは大の苦手でした。

部門長など偉い人相手の会議での報告や、大勢の聞き手を前にしたプレゼンでは、緊張して手が震えている姿を私は何度も見ていました。

当然ながら、そのような状態で行ったプレゼンはあまりうまくいきません。

いつも話しているような感じで話すことができず、途中で頭が真っ白になって言葉につかえてしまったり……。業務上必要なコミュニケーションが行えないので、本人も大変困っていました。

そのT君と私、そして会社の先輩の3人で飲んでいたときに、T君のあがり症の話になりました。そのときT君を心配して、その先輩がひとつのアドバイスをしました。

それが、**目線と声質を安定させること**でした。

話しているとき目線が必要以上にふらついていると、聞き手からは落ち着きなく見えます。また聞き手の目を見てしまうと、あがり症の人には過大なプレッシャーとなってしまいます。

そこで、**聞き手の目を見ず、彼らの〝顎《あご》〟を見て話せ**というアドバイスでした。

また**大勢の聞き手がいるシチュエーションでは、聞き手の顔の向こう側にある壁や時計などの目印を見て話してもいい**、という内容です。

一方、声質の安定は「**極力穏やかな、低い声で話せ**」といった内容でした。

先輩がT君に送ったアドバイスはそれだけでしたが、それ以降、そのプレゼンテクニックを実践したT君は少しずつ上手に話ができるようになり、苦手意識がなくなったことで、数年後には人前でも、かつての私と同じくらいのレベルでは話ができるようになっていたのです。

意識の焦点を聞き手から引き離せる

私もこのT君へのアドバイスに便乗させてもらい、現在でもこのテクニックをよく使っています。

実践してみると明確にわかるのですが、**話の内容や聞き手の反応よりも、目線と声質の安定という2点ができているかどうかに意識がいくので、あがりづらくなります。**結果、普段どおりに話せるようになる効果を実感しています。

後年、トヨタからTBSに転職して働いていたとき、歌手の由紀さおりさんの「歌い方」についてのインタビューに立ち合ったことがあります。

さすがに歌手なので声質がどうこうという話はありませんでしたが、目線についてはトヨタ時代の先輩が言っていたこととほとんど同じことを由紀さんもおっしゃっていました。

ややテクニカルな話ですが、参考にしてみると役立つのではないでしょうか。

10秒でチェック！

☑ あがり症の人は聞き手の顔を見ず相手の顎や後ろの壁などを見て話すと目線が安定する

☑ 落ち着いてゆっくり低い声で話す

☑ これら2点に意識の焦点を当てることでプレゼンなどでもあがりにくくなる

「口2耳8」の割合で話す

黙らず、かつ話しすぎず

みなさんは「口《くち》2《に》耳《みみ》8《はち》」と聞いて何のことだと想像しますか？

これは**会議などでのコミュニケーションスタンス**を示した言葉です。

現在のトヨタでもこれを実践しているかどうかはわかりませんが、私が在籍していた頃のある役員がこの言葉を好きだったらしく、たびたび「口2耳8」に関するメッセージが社内で回覧されていました。

誰が言い出したのかは知りませんが、いま思うとなんともトヨタらしい言葉だったなと感じます。

打ち合わせや会議での発言がゼロでは、その会議におけるアウトプットはゼロです。何も発言していないわけですから、たとえるなら「口0《ゼロ》」です。

トヨタ在籍時には、そんなふうに会議で何も発言しなかったりすると「空気さん」と揶揄《やゆ》されることもしばしばありました。

一方で会議の場で「口8」、つまり**自分がしゃべってばかりでは、今度は対話が一**

方的になってしまいます。特に関係者が一堂に会するような会議では、ほかの参加者の貴重な意見や情報を共有してもらえなくなってしまうでしょう。

そのようなことにならないよう、自分の意見はしっかり表明して必ず議論に参加しつつ、相手の意見を聞き出したり確認したりもすること。

こうしたふたつの行動のバランスを、口＝自分が話すこと2割、耳＝相手の話を聞くこと8割という形で示したのが「口2耳8」という言葉の意味です。会議などではこの割合でみんながコミュニケーションしなさいよ、ということですね。

人間ひとりの脳内にインプットされている情報量はたかが知れています。多くの参加者が自発的に情報やアイデアを提供し合うことで、自分だけでは思いもつかなかったアイデアや結論を得られることがあります。

「口2耳8」という言葉には、そうしたメリットを享受するために**他者には常に敬意を示し、その意見を傾聴したうえで自分の意思も明確に伝えるべし**、というメッセージが込められていたのだろうと私は解釈しています。

その他のコミュニケーションシーンにも適用できる

実際にトヨタの現場では、多くの場面でこれに近い割合で会議が行われていたように感じます。別の人の発言を途中でさえぎる人はまずいなかったですし、何も発言しない人も、逆に話しすぎる人もめったにいませんでした。そのようにしたほうが、より早く課題の解決につながるという理解が徹底されていたのでしょう。

いま私はコンサルタントとしてさまざまな企業の会議に出ることがあり、多くの企業の会議や打ち合わせが、この割合にはなっていないのを肌感覚で理解しています。「口0耳10」でひたすら時間が過ぎるのを待っている参加者や、「口8耳2」で相手の話を聞かずに自説ばかり強調する参加者がいるのを知っています。

そういう企業では、今後は「口2耳8」の割合を取り入れてみてはいかがでしょうか？　より速く、かつ直球のコミュニケーションを実現でき、実りのある会議ができるようになるでしょう。

また**この割合は、会議に限らずコミュニケーション全般にも適用できるはず**です。

10秒でチェック！

☑ まったくしゃべらないのでは参加する意味がない

☑ 逆にしゃべりすぎても他者の知見を取り入れられない

☑ 「口2耳8」の割合を意識して対応すれば自然と最適なコミュニケーションが実現できる

文字ベースで議論しないでさっさと電話する

時間泥棒になりたくないばかりに給料泥棒になっていないか

我々もよくよく使い慣れた「メール」ですが、このコミュニケーションツールは、そのメリデメをしっかり認識したうえで利用しなければなりません。

やり取りの履歴を残すには適しているものの、手早く意見のラリーをするには向いていないのです。

そうした議論や意見交換をしたいときには、さっさと相手に電話をかけてしまったほうが早いでしょう。

もちろん法務関係者との契約書取り交わしのような業務は、記録を残しつつメールで行うべきです。しかし、のちのちの「言った・言わない」のトラブルを避けるために履歴を残さなければならないような業務が、普段の仕事にどれほどあるでしょう？

そもそも仕事を行うときには、取引相手とある程度の信頼関係を築いたうえで業務を〝回して〟いるはずです。特に市場に新たな付加価値を生み出すようなクリエイティブな仕事では、取引相手との信頼関係がなければいい仕事はできません。

そうした人たちとのさまざまなやり取りのなかでは、「言った・言わない」の問題が生じることもときにはあるでしょう。

しかしそのときには、「あれ、そうでしたか……。間違えてしまってスミマセン。では、改めて○○をお願いしたいのですが……」などといくらでも挽回が可能なはずです。

ごく小さなリスクに気をとられるあまりメールでのやり取りにこだわって、余計な時間をかけるのは合理的ではありません。

ところが、電話でのコミュニケーションに苦手意識もあるのか、最近では些細なことでもとにかくメール（やその他のコミュニケーションツール）でやり取りしようとする人が少なくありません。

しかも毎回、ビジネスマナーをわきまえた超ていねいな文面で……。

ジェネレーションギャップも多少あるかもしれませんが、私がトヨタにいた頃には、こういう仕事の仕方をしていると「そんな面倒なことをしてないで、さっさと電話して聞け、この○○（自主規制）ヤロー！」と管理職の強面なオヤジたちに怒鳴られていました。

メールを1通書くのに数分かかるとして、メールを送って、相手がそれを確認するのを待って、返事を受け取りこちらからの返信を出す。この一連のラリーを行うのに、下手をすると半日くらいかかることもありますよね？

ところが相手に電話をかけて、強引にでも相手の時間を分けてもらう一瞬の勇気があれば、同じやり取りを数分で終わらせられることが多いのです。

自分の仕事の生産性を高めたいのであれば、この所要時間の差は決して許容できないはず。電話を「時間泥棒」と呼んで忌避《きひ》するオピニオンリーダーが最近では多くいますが、私としては**業務上の電話でのコミュニケーション復権**を、声を大にして主張したいと思います。

なぜなら、**そのほうがずっと早いし、生産性が高い**から。そうしなければ「時間泥棒」ならぬ「給料泥棒」になってしまいかねません。

相手の時間に配慮するのと同じくらい、自分の、そして自分の会社の時間を気にすることも必要です。

いまどきは、誰が電話してきているのか、相手の手もとの機器にも名前が表示されます。本当に相手の都合が悪いときには、向こうも電話に出ませんから、そのときには「あとでまたかけます」とか「電話ください（急ぎです）」などと手短なメールやショートメッセージを入れておけばいいだけです。

相手がそれで気を悪くすることなど、めったにないのではないでしょうか？

打ち合わせの時間や場所の最速確定法はこれ

ちなみに、他社や他部署の方と打ち合わせを行う際、時間や場所を決めるために何度もメールでラリーをする〝儀式〟、私は大嫌いです。

最初から電話するか、メールを出すにしても「打ち合わせの時間や場所を決めたいので、携帯を鳴らしてください」と一度だけ出すようにすれば、3分程度の会話で時

間と場所を確定できます。

「時間や場所が間違っていないか」と心配なら、その電話のあとにでも「○時に○○で打ち合わせ　よろしくお願いします」と先方にメールを1通打っておけば、それでOKです。

少なくともメールのラリーになることはないので、最小限の時間で約束を固められるでしょう。

メールでは時候の挨拶文なども最小限か、なくてもまず問題になりません。

メールを出すにしても、過剰にていねいな文章は使わず、所要時間をできるだけ短縮できるよう意識することも大切です。

文字ベースでの情報伝達は時間がかかり時間あたりに伝えられる情報量も少ない

もうひとつ例を挙げておきましょう。

この項目の原稿はグーグルの音声入力機能を使って書きました。

約２４００字の原稿のテキスト化にかかった時間は、わずか３分でした。内容を考える時間や、言い間違いの部分のテキストを修正する時間を合算しても、所要時間は15分ほどでした。

一方でほぼ同じ内容を、テキストエディタを使ってミスなく入力しようとすると、30分近くかかりました。

内容を考える時間まで合算すると40分以上はかかっています。

音声での会話では、言い間違いをすることがあっても互いに内容を脳内で補正し合うので、短い時間内に多くの内容をやり取りできます。

それに対しメールなどの文字ベースでは、細かい部分の誤字や意味の違いに気を遣わねばならないため、どうしても長い時間がかかり、伝えられる内容も限定的です。

メールなどの文字ベースのツールと電話、双方のメリデメをしっかり認識し、必要なときには躊躇《ちゅうちょ》なく電話すること。これも、私がトヨタで叩き込まれた仕事術のひとつです。

10秒でチェック！

☑ 1本の電話で終わる話に
メールのラリーを始めない

☑ 相手が忙しければ出ないだけ
時間を分けてもらうことを恐れるな

☑ 状況や目的に応じて
メールと電話を使い分ける

放置プレイには上司巻き込み型のメールで反撃

まずは電話を入れてみる

一緒に仕事をしている相手から、返答待ちになっているタスクがあったとします。前もって「いついつまでにこの案件について返事をください」と伝えてあり、相手側もそれについて了承していたとします。

しかしその期限を過ぎても、相手からまだ返答がこない……という状況、仕事をしていると多々ありますよね？

こんなとき、みなさんはどうしていますか？

どうすれば一番効率よく、相手から返答を得られるでしょうか？

相手はおそらく忙しいはずなので、どうすれば相手に配慮した形で回答を急《せ》かすことができるでしょうか？

前述した「さっさと電話をする」というルールに即して、**まずは電話をしてみるのが有効**です。それですぐに返事をしてくれれば、何も問題はありません。

しかし、相手がつかまらない場合、あるいは留守番電話や伝言で催促したはずなのに、それでも返答をしてくれない場合などには、どう対応したらいいでしょう？

何度も電話をかけて、メモを残してもらったり催促を重ねたりするのは、さすがに角が立つ気がしますよね。

それでもどうしても必要な場合には、躊躇なく再度電話すべきですが、そこまで緊急性が高くない場合には微妙にモヤモヤとした気分で、ジリジリと相手の返事を待つことになりかねません。こちらは悪くないにもかかわらず、です！

メールで「○○の件ですが、どうなっていますか？」と催促の連絡を送って、それでもまだ返事がこない〝放置プレー〟になることさえあります。

そうした状況を放置している自分のほうが怒られかねない

私も新人時代、こういう状況に陥って、上司に「お前、あの件どうなってんの？」と確認され、「いやまだ返答もらえてないんですよ、フォローはしているんですけれど」と答えたところ、「それはお前が悪い！」とこっぴどく叱られた経験があります。

その後、その上司が「**ここぞというときには、相手や自分の上司もCCに入れて催促メールを出したら、すぐに返信してくるよ**」という、特効薬とも言うべき解決法をこともなげに教えてくれました。まさに目からウロコです。

実際にそのようにメールをしてみると、その日のうちに返事がありました。

自分の上司や関係先の上司にもやり取りをチェックされているとなると、相手も放置することはできません。放置しているのは向こうなので、こちらが悪いわけではなく、安心して催促することもできます。

その後もこの方法は何度も利用しましたが、経験上、それでもまだ放置プレーを続けられたことはありません。**ほぼ百発百中で相手から返答がきますし、さらに二度と相手はこちらを待たせなくなる**というメリットもあります。

似たような状況によく陥るという方は、ぜひこのテクニックを利用してみてください。効果テキメンですよ！

10秒でチェック！

☑ 催促が必要なときは躊躇せずにまずは電話で催促する

☑ それでも返信がこないときは自分と相手の上司もＣＣに入れて催促メールを出す

☑ この方法ならほぼ百発百中で返信がくる

第❸章

トヨタ魂の根幹

「本質思考」

現在地の確認

仕事の生産性を上げるのに必要な“ギガ速なコミュニケーション能力”とは？

1. **時短に役立つ仕事術**
（会議、打ち合わせなど）
2. **確実に相手を射抜く・仕留めるコミュニケーション術**
（資料作成、プレゼン、メールなど）
3. **本質思考**
（効率的な仕事の前提となる心構え、スピリットなど）
いまここ
4. **後進に伝える力・教育力**
（OJT、学ぶ心構えなど）
5. **良好な人間関係の構築能力**
（コンフリクト・マネジメントなど）
6. **人としてのあり方**
（人間力、生き方、ポリシーなど）

読めるけれども あえて空気を 読まない

忖度文化の日本では貴重な社風

トヨタにいた頃、トヨタグループ内の大きな会合で、ある役員が次のような趣旨の発言をしたのを覚えています。

「**空気を読む力はあるけれど、あえて読まない判断をするやつこそが、本当に『空気の読めるやつ』なんだ**」と。

これを聞いて、当時はトンチのように感じていまいち腑《ふ》に落ちなかったのですが、いま思い返すと「あー、なるほどなぁ」と納得してしまいます。

「はじめに」でも触れましたが、私はトヨタを退職したあとテレビ局に移り、さらにその後にアクセンチュアというグローバルな大手コンサルティングファームへと転職しました。

そのアクセンチュアにはThink Straight, Talk Straight.（真っ直ぐに考え、直言せよ。）という企業文化、あるいはモットーがありました。**余計な忖度《そんたく》は不要、直球で議論し、行動しよう**ということですね。実際に同社の社員は多くがそのように考え行動していると感じましたし、私自身もそのように動けるよう、同社在籍中は強く意識していました。

トヨタも昔は、Think Straight, Talk Straight. そのものの社風・文化で、その様子は本書でもすでに何度か紹介したとおりです。

しかし、会合で役員から冒頭のセリフを聞いたのは、そういう社風が近年薄れてきているのを危惧する文脈でのことでした。

グローバルな大企業になって長年経ち、徐々に上司や周囲に忖度する人間が増えてしまい、お互いに言いたいこと・言ったほうがいいと思うことをストレートに言えない会社になることを、その役員の方は非常に恐れていたんだろう、といまでは深く共感できます。

こうした**ストレートな物言いがお互いにできる社風や文化は、とかく内向きになりがちな日本社会では非常に貴重なもの**だからです。

トヨタの強さを形づくる要素は多々あるでしょうが、個人的にはこうした社風や文化こそが、トヨタの強さの〝基盤〟をつくっていた要素のひとつだと感じています。

みなさんの会社でも、少しずつでもそうした企業文化を形成していきましょう。

空気を読まない覚悟を持て

それにはまず、**個々のメンバーが、一時的に職場の人間関係が緊張することを恐れないようにしなくてはなりません**。

あえて関係を悪くする必要はありませんし、職場での普段の人間関係をよくするための方法は本書でもこれから解説しますが、**人間関係の維持を仕事の本質より上位に置いてしまっては、絶対にいけない**のです。

読者のみなさんのなかには「思ったことをそのまま言ったら、同僚と喧嘩になっちゃうよ」とか、「上司との関係が壊れちゃわないかな？」とツッコミを入れたくなる人もいると思います。

――実際、関係が一時的に壊れることはあります。

トヨタでもアクセンチュアでも、本音で激論を交わした相手とは、そのあと少し関係がピリつくことがよくありました。そういうリスクは、ストレートな議論をする以上はなくなりません。

しかし、自分たちが何のために仕事をしているのか、自分の仕事の付加価値がどこにあるのかを突き詰めて考えれば、関係が悪くなるかもしれないからといって自分の意見や感覚を否定したり、無駄に相手に同調したりしてはダメなのです。

相手に同調することではなく、人とは違う気づきやアイデアをどんどん提案して、上書きし合っていくことが「仕事」だと私は思います。

そうであるならば、多数派の意見が「正しくない」と思ったときには、反論もしなければなりません。

「もう、これでいいよな」という〝空気〟があるのは、日本人なら、また本書を読んでいるような方ならみんなわかるのです。それでも自分の経験や知見、気づきなどから「ちょっと、それは違うんじゃないかな……」と感じるのであれば、**あえて空気を読まず、むしろ空気をぶち壊しにいく姿勢**が大切です。

それは結構な緊張感、ときには多少の恐怖を感じるような行動かもしれません。しかし本質的な仕事をするには、実行しなければならないことです。

もちろんいつでも空気を読まなければそれでいいわけではなく、反論や否定をするときには、論拠となるデータや事例が必要なことも多いでしょう（アイデアレベルのブレストなどでは論拠も不要ですが）。そうしたデータをきちんと用意してから、反論したり異論を述べたりするのです。

こうした「その場の空気を読んだうえでの、あえて空気を読まずに行う異論や反論、提案」は、本質的な仕事を行ううえでは欠かせないもの。より巨視的にはむしろ「空気を読んでいる」とも言えるだろうということで、冒頭のセリフが成立します。

私の共感の理由がわかっていただけたでしょうか？

起こさなくていい摩擦は起こさない

とはいえ、あえて空気を読まずに異論や反論、提案をした結果、社内で孤立してしまっては問題アリです。

根拠のある反論をぶつけられたとき、トヨタやアクセンチュアでは「なるほど、そういう考え方もあるな」と建設的な議論につながることが多かったのですが、「なんだお前、生意気な！」となる会社も残念ながらたくさんあるでしょう。

そういうときは、あえて空気を読まずに直言しても大丈夫かどうか、本質的な意味で組織の空気を読む力が必要になります（トンチ度増量です）。

「危機管理能力」を高め、ストレートな物言いをしても大丈夫そうなメンバーの揃っている場面でのみ、あえて空気を読まない言動をするのです。もしそうでないメンバーと関わるときには、無難な物言いに終始すれば、とりあえず組織内での孤立は避けられるでしょう。

ただしこれは生産性の低い仕事の仕方ですから、どうしてもという場合以外では、避けるべき〝悪い見本〟として理解してください。

なお、時間効率や仕事の本質を重視している会社であっても、ストレートな議論ではコミュニケーションの仕方次第で、相手に必要以上に悪く受け取られることがあります。

そうしたことにならないよう、本書で紹介するさまざまなコミュニケーションスキルを身につけることをお勧めします。

革命的な地動説を主張して罰せられたガリレオ・ガリレイは有名ですが、もし彼がコミュニケーション上手だったら罰せられずに済んだかもしれません。それどころか、相手に腹落ちさせるコミュニケーションを最適に実践していれば、もっと早く地動説が認められ、その発見者のひとりとして絶賛されたのではないでしょうか。

これは荒唐無稽な想像にすぎませんが、コミュニケーションの技術にはそれほど大きな力があると私は思っています。

とあるご年配の役員の方から、「いいやつと、できるやつは違います」と言われたことがあります。

空気を読む力は当然備えつつ、あえて空気を読まず、人間関係の緊張も恐れずに必要な直言を行う。しかも上手に話を進めて、不要な人間関係の破綻を招かない。

トヨタの役員の方が言っていたように、いまは個人・組織を問わず、そういう姿勢が求められる時代なのだと考えるべきでしょう。

10秒でチェック！

☑ 職場の人間関係を良好に保つことも大切だが
お互い忖度せずにストレートな議論をすることは
もっと大切

☑ 必要だと判断したら
あえて空気をぶち壊す

☑ コミュニケーションの技術を身につけ
ストレートな議論で起きがちな
摩擦を避ける

本気で
綺麗事を信じ
それを現実にする

◀◀◀

売値を自社で決めてはいけない？

綺麗事に聞こえるかもしれませんが、トヨタでは会社が儲かればそれでよい、という教育はまったくされませんでした。これはいまもそのままのはずです。

新人研修などでは、**社会に貢献して、その評価として初めて利益を得ることができる**と耳にタコができるほど教わりました。

まず利益ではなく、まず社会への貢献だ。利益はそのあとについてくるものだと教わりました。

この思想は本当に末端の社員にまで浸透していて、よい車をつくることによって社会に貢献する。そうすれば、利益はあとからついてくるだろうと各自が本気で考えています。

こうした思想は、社外の人からすれば違和感があるかもしれません。ほかならぬ私自身、新人研修でこの考え方を呑《の》み込むのには大いに苦労しました。

当時、新人教育の一環で入社2年後くらいに同期が集まり、社内の講師にさまざまな教育をしてもらう泊まり込みの研修がありました。その際、私は何かの拍子に多くの同期の前で講師から次のように質問されました。

「山本くん、利益はどうすればつくり出せますか？」

すべてのビジネスで**【利益＝売上−原価】**の式が成り立ちます。私はこう答えました。

「売上を伸ばすか、原価を下げるかのどちらかです」

ここまではよかったのです。講師は続けてこう言いました。

「では、売上はどうすれば伸びますか？」

同じく**【売上＝売値×販売数】**ですから、私は次のように答えました。

「売値を上げるか、販売数を増やすかのどちらかです」

その瞬間、講師がものすごい剣幕で「本気で言っていますか？」と問い詰めてきました。教室の空気が一気に張り詰めましたが、いまさら撤回するつもりもありません。

「はい、本気で言っています。何か間違っていますか？」

実際にMBAや経営学の授業ならこれで正解でしょう。ほとんどの日本企業でも正解と評価してもらえると思います。

しかしトヨタでは、「あなたは何もわかっていない!!!」と大勢の前で怒鳴りつけられることになります。いまでもトラウマになって鮮明に覚えているくらいです。

正直、周りの同期も引いていました。みな同じような答えを想定していたようで、なぜ、そんなに怒鳴られるんだろうと考えていたと思います。

トヨタの講師は言いました。

「売値は世のなか、市場が決めます。私たちが決めるのではないのです。だからこの質問への答えは、販売数を増やすか、原価を下げる、この2つしかありません」と。

はい、ドン引きする読者の方もなかにはいますよね。

下請けの部品メーカーの方など、「だからか!」と血が沸騰する方もいらっしゃるかもしれません。

私も反論しました。「それは綺麗事です」と。

「利益を出すために売値を上げて何が悪いんですか?　商売なんですから、儲けることを考えて何が悪いんです？」と。

しかしその質問には、自分で考えろと明確には答えてもらえませんでした。


トヨタというのは、とにかく自分で答えを考えさせる会社なので、疑問に明確に答えてもらえることはほとんどありません。

むしろ「売値は世のなかが決める」と明確に答えをもらえたことのほうが非常に珍しく、それだけこの点を会社が大事に考えているのだろうと、同期みんなが理解できたくらいでした。


その後、何年もトヨタで働いて私なりに出した答えが、先ほど紹介した「社会に貢献すれば、利益はあとからついてくる」というトヨタの思想なのです。

何のために会社は存在し、何のために人は働くのか……これは何が正解だという話ではなく、トヨタではそう考えるという話です。

私自身、トヨタで働くうちにその思想に共感するようになり、のちにＴＢＳに転職した際には、当時、局内に広がっていた視聴率至上主義に少し辟易《へきえき》したりもしました。

その頃はＴＢＳの視聴率が低迷していて、局内に「視聴率をとった番組こそがよい番組なんだ」とする傾向が強くあったからです（もっとも現在のＴＢＳはそうではなく、堅実にコンテンツをつくり込んでいく昔ながらのカルチャーに戻っていると感じています）。

「売値は世のなかが決める」というトヨタの思想は、若かりし頃の私が指摘したように、ある意味では「綺麗事」です。

しかし**トヨタでは、その綺麗事を本気で信じ、現実にしていくことが当たり前に求められます**。

そしてそれを実際に具現化することで、世界のトップ企業であり続けています。さまざまなハードルを、試行錯誤を繰り返すことで乗り越えていくのです。

利益額よりも車の出来のほうが重大事

別の言い方をすれば、トヨタの利益についての考え方は、医学における睡眠時間の考え方と似ています。

私たちは毎日7～8時間の睡眠がとれればそれで十分で、10時間とか14時間とかの長時間は眠る必要がありません。

そんなに睡眠時間に充てられる時間があるなら、むしろその過剰な時間を何か別の用途に充てたいと思いますよね？

利益に対するトヨタのスタンスも、そんな感じなのです。

ある程度確保できていれば、むしろその分をさらなる新商品や新サービスの研究開発に充てたいという感覚です。

そのためマスコミで「トヨタ　過去最高利益更新へ」とか「トヨタ　世界販売台数1位を維持！」といったニュースが報じられても、トヨタ社内ではほとんど誰も、それを名誉なことだとは思っていなかったりします。

表向きにはともかく、本音では経営陣も、あまりその辺りの数字には重きを置いていないのではないでしょうか。

そんなことより、トヨタの車が世のなかに喜ばれているか、消費者のニーズに応えられているか、不具合はないか、リコールはないか、社内ではそういったことをいつも話し合っています。

目先の利益ではなく、社会へ貢献することで、あとから利益がついてくる。

その綺麗事を現実にするために、より社会のニーズに応えた商品開発と原価低減（正しくは原価改善）、接客サービスの向上に邁進する。

少し話が大きくなりすぎてしまいましたが、これがトヨタという会社が社会と関わるときの基本スタンスであり、ベースとなるコミュニケーションスタイルであると私は理解しています。

みなさんが、自社にとっての最適な社会との関わり方を考える際のヒントにしていただければ幸いです。

10秒でチェック！

☑ 社会に貢献すれば
利益はあとからついてくるというのが
トヨタの考え方

☑ 売値は世のなかが決めるので、利益を上げるためには
販売数を伸ばすことと原価改善が基本スタンス
（もちろん接客品質向上も）

☑ 必ずしもこの思想が正解ではないが
社会との関わり方におけるひとつの形であり
本気でそれを現実にするのがトヨタの流儀

「なぜ？」と「定義は？」でトコトン自分の頭で考えさせる

なぜを5回繰り返すのはなぜか？

トヨタといえば「なぜを5回繰り返す会社」としても有名ですが、実態は少し違います。

どういうことかというと、**トヨタの現場では5回どころの話ではない**からです。

確かに5回はなぜを繰り返せという社内慣習がありますが、それはあくまで最低限の話で、必要ならばどこまでもなぜを繰り返すことを求められます。

私が入社して1年半ほど経った頃には、上司に次のように詰められたこともありました。

「山本、なぜを5回繰り返すのはなぜか？　お前の考えを言ってみろ」

トヨタでは万事がこの調子で、**あらゆる事柄について疑問を持ち、自ら考えるように訓練されます**。標準化されている社内ルールですら、自分自身で考えて、その本質を理解しないといけない会社なのです。

5回という数が大事なわけではなく、「なぜそういう理屈になっているのか、自分の頭で考えること」が求められるのです。そうした力を日々の訓練によって身につけさせるため、常日頃からなぜの嵐です。

しかも、**答えは決して教えてくれません**。

自分なりの考えを言うと、「なるほど。それがお前の考えか」という感じで、答えた内容が合っていたかどうかはその後の上司の指示や態度で判断するしかないケースがほとんどです。

むしろ**答えは人それぞれだから、別に明確な答えは必要ない。それでも考えることが大切なんだ、という訓練法が共通化されていた**と感じます。

言葉の定義もよく問われる

こうしたなぜの繰り返しによるトヨタの思考訓練は、さまざまな場面で繰り出されます。また「なぜ?」ではなく**「定義は?」という形で疑問を投げかけられる**こともよくありました。

特に上司が部下に指導をするときには、この形が頻繁に使われていました。これもトヨタ時代のエピソードで紹介しましょう。

定年退職間近のKさんという方が私の上司だったときのことです。

私はそのKさんの指示に従って着々と仕事を進めていました。スケジュールも問題なく、そのまま〝こなして〟いけばKさんが設定した当初目標の達成も楽勝といった状況でした。当時の私の気分としては「順調、順調！」という感じでした。

そんな様子を見ていたKさんが、おもむろに私を呼び出して言いました。

「山本君、キミ最近、仕事に身が入ってないんじゃないの？」

すぐに私はこう答えたのを覚えています。

「なぜですか？　仕事も至って順調です」

すると、すぐさまこう言われました。

「じゃあ、『順調』の定義を言ってみろ」と。

出ました、「定義は？」です。当時の私は「うわ、なんか面倒くさいな」などと思って多少苛立《いらだ》ちながらも、こう答えたと思います。

「言われたとおり、遅れずに仕事が進んでいることではないんですか？」

すると間髪入れずにこう言われました。

「入社して2年も経って、お前はまだ何もわかってないな」

正直言って意味がわからず、不満な顔を見せました。すると、さらにこう言われたのです。

「仕事に終わりなんてないんだぞ。つまり、仕事に『順調』なんて言葉はないんだ」と。

なんというか、ほとんどトンチです。

なんとなくうまいこと言われた気もして、半ば不貞腐《ふてくさ》れながら、半ば感心しながら、その時点ではよくわからないまま、しばし呆然としていましたが、Kさんの表情や態度も合わせてよくよく考えるに「仕事が順調とほざくやつは、そいつの勝手な自己満足の世界に生きているだけだ」と言いたいんだろうな、と察することができました。

要するに「**気ぃ抜いてんじゃねーぞ、この2年目の若造がっ！**」ということです。

それをストレートには言わず、問いかけの形で詰めてくるのがまさにトヨタです。


この話、漫画やドラマじゃないんだから……と我ながらツッコミたくなりますが、本当のマジに実話です。そしてさらに、こうやって詰められました。

「今度は『仕事』の定義を言ってみろ」と。

もうこの辺りまでのやり取りで、私もKさんが言いたいことは咀嚼《そしゃく》できていましたから「すいませんでした！　たるんでました！」などと私が折れて、そこでこのミニバトルは終了となりました。

ついでに書いておくと、その翌年（入社3年目頃）にはKさんにこんなことを言われたこともあります。

「なんで人に言われたことに、何も考えずに従ってるんだ？　社長が死ねと言ったら、お前は死ぬのか？」

どこのバトル漫画かと思いますが、こうした会話は決して異例ではなく、トヨタのエンジニアはいつもこんな感じなのです。上司のKさんとも、彼の定年まで良好な関係を維持していましたから、別に喧嘩していたとか、いびられていたとかではありません。むしろいまでも尊敬しています。

決して忖度せず、お互いに直球で考えをぶつけ合う。それも常に問いかけの形で、相手に自分なりの答えを考えさせる。いま思えば、これもトヨタの思考訓練法、あるいはDNAのひとつだったのでしょう。

トヨタに「A3一枚にまとめる」といった細かなビジネススキルがたくさんある理

知的な会社というイメージを持っている人がいるかもしれませんが、それはほんの一部であって、**本質的にはトヨタはそんなにおとなしい会社ではありません**。仕事に必要なことは同僚同士であっても遠慮せず、ゴリゴリと社内でやり合う会社です。

そうした骨太な仕事への姿勢がトヨタには脈々と受け継がれていて、それらの掛け算がトヨタを強いトヨタとして保っているのだと感じていました（ただし、そうした資質が少しずつ風化してきていることも、在籍8年のあいだで感じていました）。

いつでも自分の頭で考えよう

話が少し逸れましたが、トヨタではこのようにあらゆる場面で「なぜ？」と「定義は？」が飛び交い、常日頃から物事を深掘りして考えることを求められました。**見聞きした情報を鵜呑《うの》みにするのではなく、それらの情報のなかから自分なりの意見や考えを導き出す。さらに、それを常にアップデート（カイゼン）していく**。

そういった態度と能力が求められていたように感じています。

みなさんも、意識してそうした「自ら考えるクセ」を身につけましょう。それができてこそ、今後の変化が激しい時代にも対応していけるのだと思っています。

10秒でチェック！

5回に限らず何度でも
自分が納得できるまで「なぜ」を繰り返す

「なぜ？」だけでなく
「定義は？」も多用されている

なぜを5回繰り返すことが重要なのではなく
何にでも疑問を持ち
常に自分の頭で考えることこそが本質

第4章

スピリットをつなぐ「トヨタの教育」

現在地の確認

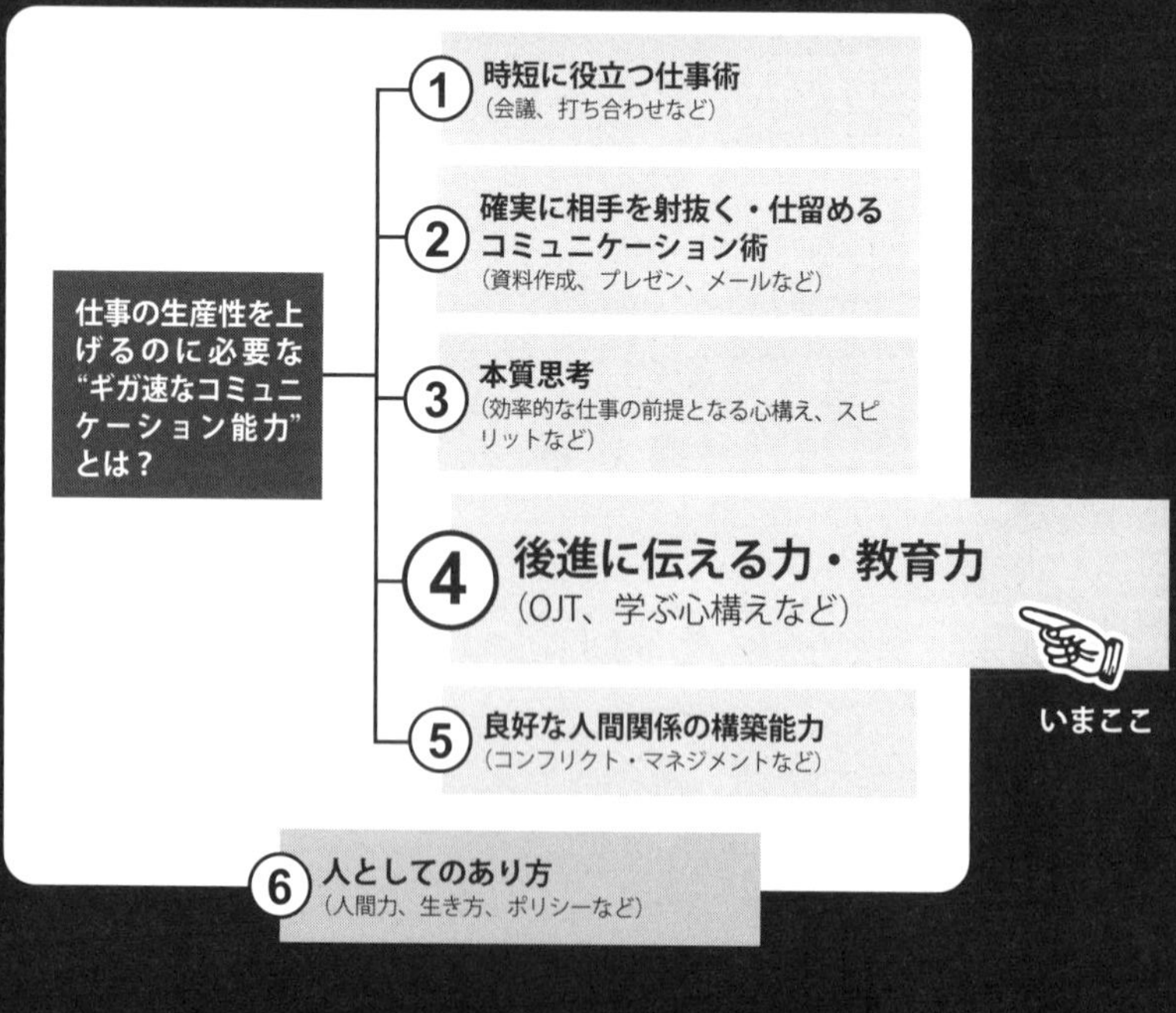

仕事の生産性を上げるのに必要な“ギガ速なコミュニケーション能力”とは？
1 時短に役立つ仕事術
（会議、打ち合わせなど）
2 確実に相手を射抜く・仕留めるコミュニケーション術
（資料作成、プレゼン、メールなど）
3 本質思考
（効率的な仕事の前提となる心構え、スピリットなど）
4 後進に伝える力・教育力
（OJT、学ぶ心構えなど）
いまここ
5 良好な人間関係の構築能力
（コンフリクト・マネジメントなど）
6 人としてのあり方
（人間力、生き方、ポリシーなど）

「嫌われてナンボ」のオヤジマインドで若手を育てる

「よい品 よい考」

トヨタの生産現場には「オヤジ」と呼ばれる強面のおじさんたちがたくさんいます。この人たちこそ、人材面からトヨタの強さを支える存在です。

車両の開発が「号試《ごうし》」と呼ばれる量産開発フェーズになると、開発に携わるエンジニアが工場に常駐するようになります。高校を出てひと足早く社会人になった現場のオヤジさんたちは、そんな大卒のエンジニアに対して遠慮なく愛のある鞭《むち》を打ってきてくれます。つまり、情け容赦なくダメ出しの叱責を繰り出します。

私も在籍8年間で、述べ1000回ほどはその愛の鞭を打っていただいたでしょうか……もう辞めたので包み隠さず言います。

この鞭は痛い。

心に突き刺さるほど痛いです。

それに耐えられず、辞めていく同僚もいました。しかしある一線を乗り越えると、その鞭が日常になり、そしてむしろ心地よくなります。

変な趣味に目覚めるわけではありません。

オヤジさんたちの鞭はいつでも本気で、厳しさの向こう側に愛があるからです。

その鞭の連打により、エンジニアとして、社会人として、ひとりの人間として鍛えてもらっているという実感があるからです。

これはあくまで私の個人的見解ですが、トヨタの本質やDNAは工場といった生産現場にこそ受け継がれている気がします。「現地現物」「トヨタ生産方式」「カイゼン」すべて現場で生まれた言葉です。オヤジさんたちに鞭打たれていると、そのトヨタのDNAを体内に五寸釘でドスドスと打ち込まれているような感覚を得られます。

また、トヨタの工場内には「**よい品 よい考**」という創業時代からのメッセージが、いまなおデカデカと工場建屋の内屋根に掲げられています。オヤジさんたちはこの言葉を錦の御旗にして、少しでも「よい品 よい考」でないことには遠慮なく鞭を打ってくれるのです。

話を戻します。

現場のオヤジさんたちはとにかく熱い。そして優しい。そしてストレートに問題を指摘してくれます。指摘は、ときに怒号に変わります。

トヨタ退職後に上京して以降、会社の上司や先輩に本気で怒鳴られた経験は一度もありません。東京のビジネスって、なんてお上品なんだとつくづく感じ入ったこともありました。

私の短い人生で、お客様のために我を忘れて怒鳴る人を、東京では、いやトヨタ以外では一度も見たことはありません。しかしトヨタではそれが〝日常〟なのです。

オヤジさんたちが若手を叱るときは、いつでも自分の都合ではなくお客様の代弁をしています。だからこそ、トヨタは強いのです。

もしトヨタに対してお上品な上場企業のイメージを持っている方がいれば、そのイメージを壊してしまって大変申しわけありません。

しかし、これがトヨタの現場のリアルです。

嫌われることを恐れたら若手は育たない

オヤジさんたちもひとりの人間です。怒れば嫌われることぐらい重々承知です。しかも昨今のご時世では「パワハラだ」「セクハラだ」「モラハラだ」と訴えられる危険性もあります。

大の大人が我を忘れて若手を叱るなんて、大きなリスクがある行為なんです。

それでもトヨタのオヤジさんたちは若手を鞭打つのをやめません。**「嫌われてナンボ」というマインド**を持っています。

そうしなければ若手が成長せず、トヨタのものづくりの魂がなくなってしまう、トヨタの現場力がなくなってしまうと思っているから、たとえリスクがあろうがなんだろうが間違っている若手にはビシバシと鞭を打つのです。

これが、私には究極に格好よいマインドセットに感じられました（慣れるまでは、だいぶ、キツかったのですが）。

いつしか私は、そんなオヤジさんたちと時間をともにするのが大変楽しくなり、気がつけばいつでも現場に出ているタイプのエンジニアになっていました。

ことなかれ主義で、空気を読んで仕事をするようなトヨタ社員も残念ながら増えていますが、工場の製造ラインや監査工場に行けばほぼ確実に何かで怒られて（正しくは叱られて）帰宅することになります。むしろそれが嬉しくて、何度でも現場に足を運んだものです。


いま部下をひとりでも持っている人は、このトヨタのオヤジさんたちの「嫌われてナンボ」のマインドを実践されてはいかがでしょうか？　**嫌われたり、人間関係が少しピリついたりするくらい、会社や若手、さらには自分自身の成長の前には大したことではありません**。


また部下がいない人でも、同僚あるいは取引先に対して本気で仕事に取り組む姿勢を見せること、その際に多少感情的になることを恐れすぎる必要はありません。

もちろん相手を選ぶことも必要ですが、そこに本当の愛や情熱があれば、そうそうトラブルになることはないはずです。

私自身もトヨタのオヤジさんたちのレベルまでとはいかずとも、これからも自分の仕事に対して情熱を燃やし、「嫌われてナンボ」のマインドで関係者とコミュニケーションしていこうと思っています。

命を預かる仕事だから妥協できない

付け加えると、トヨタの場合は車というお客様の命を乗せる商品をつくっていることも、オヤジさんたちが「嫌われてナンボ」のマインドを持たざるをえない背景になっていることが指摘できます。

私も部下や後輩を持つようになって少しずつわかってきたのですが、**本気で怒って叱らないと、相手も本気で受け止めませんし、何よりも問題が曖昧なまま放置されてしまいます**。

車の問題が少しでも放置されたら、お客様の命に関わります。だから特に技術者は、おかしい・間違っていると思ったことは、たとえ相手が社長でも総理大臣でもその場ですぐに言わなければならない、という暗黙のルールが徹底されていました。

そして**叱責された側も、自分のほうが正しいと思うのなら、また自分の考えを補強**

するデータやロジックがあるのなら、相手が上司だろうがなんだろうが、きちんと反論しなければなりません。

声の大きい人に押しきられて自分の意見を封印し、それが理由で車にリコールを出したり、命を落とすお客様を出したりしたら、カーメーカーがこの世に存在する意味がありません。

そのため、トヨタの車の開発現場には穏やかな打ち合わせや会議なんてほとんどないのです。いつも問題の指摘や論理矛盾への厳しいツッコミが飛び交うのです。

トヨタでは上司が部下を怒鳴りつける、部下も精一杯反論するというシーンが毎日何度か繰り返されていました。それが日常ですし、カーメーカーのあるべき姿だと言えるでしょう。もしもトヨタがぶつかり合わない会社になってしまえば、トヨタはトヨタでなくなってしまいます。

かつての同僚たちから伝え聞く内情から、うっすらとそうした事態を危惧してもいますので、トヨタにはぜひ、仕事への本気すぎる取り組みをこれからも続けてほしい、若い世代にも伝えていってほしいと願っています。

10秒でチェック！

☑ トヨタの現場の強さは若手への叱責を恐れないオヤジさんたちの存在があってこそ

☑ 嫌われてもリスクがあっても間違っていることは指摘して叱る

☑ 組織や自身の成長、何よりお客様のために目先の人間関係の悪化を恐れない

最強企業の暗黙知　16

苦手と得意の判断を急ぎすぎない

すぐに決めつけずにある程度の時間をかける

前述したように、ある課題が自分の能力では解決困難なときには、ためらわずに周囲にアドバイスや意見を求めることが大切です。

自分が苦手にしている領域の業務は、誰かその分野を得意にしている人に代わりにやってもらったほうが、絶対速いですからね。

また人生の時間は限られていますから、同じ時間をかけて仕事をするのであれば、自分が得意な業務をしているほうが苦手分野の業務をしているより世のなかに貢献できる度合いが高くなります。経済学で言うところの「**比較優位**」です。

結局のところそれこそが、世のなかの人がそれぞれ別々の〝職業〟を持っている理由なのだと思います。

ただしこの**見極めをする際に「食わず嫌い」はしないようにしてください**。

また、**まずはチャレンジしてみて、それが本当に、どうにも得意ではないなと判断**

するまでには、多少の時間をかけることをお勧めします。

もちろん仕事ですから時間的な制約があるでしょうが、その制約のなかで許される最大限のところまでは踏み込んで挑戦するようにしましょう。**そのようにしないと、自分で自分の可能性を潰してしまう危険性がある**からです。

「成長」の形にはさまざまなものが考えられます。

「できることが増える」ことも成長のひとつの形でしょう。このときには、多かれ少なかれ苦労をするのが普通ですから、少しだけ試して、苦しいからとすぐに「自分はこの分野は苦手なんだ」と決めつけてしまうと、そこで自分の成長を止めることになりかねないのです。

イヤイヤ学んだものが一生の武器になった

私の場合、統計分析のスキルがまさにそうでした。

いまでこそ、このスキルは私にとってビジネス上での大きなアドバンテージとなっていますが、最初はトヨタの上司に言われてイヤイヤ始めたものでした。

トヨタグループ内では、主に品質管理の観点から、ビッグデータの統計解析を活用したプレゼン大会が数十年前から開催されるようになっていました。

私は学生時代の研究内容がＤＮＡの領域で、統計のベース知識があるものと勘違いされ、上司にそのプレゼン大会に参加するための勉強を命じられたのです。実際に私がしていたのはＤＮＡの化学合成を行う研究で、塩基配列の統計解析（バイオインフォマティクス）ではなかったのですが……。

最初は、ハッキリ言って勉強するのを面倒くさいと思っていました。無理やりやらされているのでモチベーションも低く、学習もなかなか進みません。

しかしある程度勉強が進むと、どんどん統計分析の理論が面白くなってきて、要はハマってしまったんですね。もともと大学院まで研究をしていた人間なので、一度勢いがつくとあれもこれもと自主的に学習するようになり、最終的にはそのトヨタグループ内のプレゼン大会で優勝し、役員表彰をいただけるところまで到達できました。

この例からもわかるように、試行錯誤して得意・不得意を判断するにしても、すぐに判断するのではなく、時間をかけて少し深いところまで挑戦してから判断する必要があります。

また、もしこの本を読んでいる方が管理職の立場なのであれば、**部下や若手にはほんの少しだけ余分に時間を与えて、表面的なところだけでなく少し深いところまで試させる**ように意識してください。結局はそのほうが、組織全体の能力を伸ばすことにつながるはずです。

そういう意味では、多大なチャンスと時間を私に与えてくれたトヨタと当時の上司には、どれだけ感謝しても感謝しきれないと感じています。

ちなみに現在では、このときに身につけた統計解析の知識が、ＡＩ（人工知能）やＩｏＴ（モノのインターネット化）の領域でコンサルをするとき非常に役立っています。何が自分の武器になるかは、とにかくやってみないとわからないのです。

最後は自分で判断する

なお最終的にどこで得意・不得意を見極めるかの判断には、これといって正解というものはありません。

フィジカルな業務については、実際にその業務を遂行できるか、どの程度上手に遂行できるかで比較的容易に判断できます。たとえばみなさんが、いまから「リーガ・エスパニョーラに行け」と言われても、無理だとすぐにわかりますよね？　人間の身体能力のピークなどについては、ある意味で判別しやすいかと思います。

またアート領域の業務についても、割と判別しやすいと言えるでしょう。同じくみなさんが、いまから「ゴッホみたいな絵を描け」とか「ピアニストになれ」などと言われても、能力的にできる人とできない人に綺麗に分かれるはずです。

一方で主に知的能力を使う業務、つまりはオフィスワークでは、向き・不向きの判別をするのは少々難しくなります。

先ほど述べたように正解はありませんが、私は次の3つの基準で、あなた自身が判断するのがよいと思っています。

○実際にその業務を遂行できる能力があるか

○個人的な好き／嫌い（自分のモチベーション）

◯貴重な時間や多大な労力を費やしてその分野を極めるだけの価値を感じるか

これらの点で向き・不向きを判別し、自分にはできない、向いていない業務だと判断したなら、その分野の仕事は誰か別の得意な人に、できるだけお任せするようにしましょう。

すべての領域の仕事を自分だけでやる必要はないのです。

野球を例に考えてみてください。

送りバントがうまい人もいれば、ホームランを打てるバッターもいて、全然打てないけれど時速150キロの剛速球を投げられる人もいます。それぞれの分野でのプロフェッショナルが集まってチームになり、試合に勝つという最終目標のために協力しています。

まずはあなた自身がバッターやピッチャー、キャッチャーなど主要な領域をひととおり経験してみたうえで、自分はどのポジションが一番得意なのかを見極め、それ以外のポジションは誰かほかの人にお任せすればよい、というわけです。

10秒でチェック！

- 自分の得意範囲かどうかは少し時間をかけて挑戦してから判断する
- 食わず嫌いばかりしていると新しいスキルを身につけられない
- 部下や若手に挑戦させるときには可能な範囲で時間的な余裕を持たせたい

試行錯誤で素早く限界把握　無理ならサクッと助けを求める

本当に無理かどうかはやってみないとわからない

仕事上で何か壁にぶち当たったとき、素早く周囲に助けを求められれば、自分の限界を超えた大きな成果を手にできます。しかしなんでもかんでもすぐに助けを求めていたら、「少しは自分でもやらんかい」と言われてしまい協力を得られません。どの辺りから周囲に助けを求めるべきなのか、その境界線をうまく見極めましょう。

それには**自分の能力がどれくらいなのか、また得意分野がどこにあるのかを、実際に試してみて素早く見極めることが有効**です。

トヨタにいた頃、先輩社員に「**無茶と無理は違う**」とよく教えられました。

仕組みや理屈的に、あるいは自分の実力から考えて無理なものはどう頑張っても無理なので、そこで努力しても仕方ないよ、ということを示した言葉です。

しかし仕組みや理屈はともかく、自分の実力についてはこの言葉は少し曖昧だよなと、当時から個人的には思っていました。その曖昧な部分をはっきりさせるためには、実際に試してみることが必要だからです。

たとえば開発中のある車についての不具合が出たとき、チーフエンジニアが「これを改善するのは、現状の図面の変更だけでは無理だ」と言ったことがありました。

そのとき、私は「あきらめるのが早くないですか？」と食い下がりました。

チーフエンジニアは「いや、おれの経験から言って、これは工法まで見直さないと改善は無理だよ」と言うのですが、私は難しいけれど、もしかしたらできるかもしれないと思っていたのです。

その後、私はその人と「無茶と無理の線引きをどうするのか？」についてひととおり議論した記憶があります。結局、他の部署にも助けを求めるのを数日だけ待ってもらいました。

その間に私は、実際に調整を試してみました。それもちょっとやってみましたというレベルではなく、それなりに深いレベルまでひととおり調整を試してみました。

結局そのときは自部署だけでの課題解決は無理で、他部署にも助けを求めたのですが、**実際にやってみて「これは、自分たちだけでは無理だ」という限界がある程度わかっていたので、完全に納得したうえで周囲に助けを求めることができました**（逆に試行錯誤の段階で、自分たちだけで対処できるとわかったこともあります）。

無理そうなら さっさと周囲の助けを乞う

このように「無茶と無理は違う」を実践するには、どこからが無理なのかを実際に自分で試してみることが必要です。

そして無理だとわかれば、それ以上は頑張っても無茶なので続けません。自分だけで頑張らず、さっさと周囲に助けやアドバイスを求めるようにしましょう。

こうした試行錯誤を素早く行うこと、そして、そうした試行錯誤の経験を積み重ねることで、自分の得意分野と不得意分野を認識できます。それにより、仕事で課題が生じたときにもより素早く、的確な判断ができるようになります。

また、ある分野において自分は大したことがないとわかれば、変なプライドを持つこともなく、素直に周囲にアドバイスや助けを求められるようにもなるでしょう。

みなさんもこうした意識と素早い試行錯誤の習慣を持ち、的確なタイミングで周囲に助けを求められるよう意識してみてください。

10秒でチェック!

☑ 無茶と無理は違う

☑ 無理かどうかを判断するために素早く試行錯誤する

☑ 試行錯誤は時間が許す範囲内でできるだけ深く行う

☑ 無理だとわかったら変にこだわらずにすぐに周囲に助けを求める

第5章

良好な人間関係を築く方法

現在地の確認

仕事の生産性を上げるのに必要な"ギガ速なコミュニケーション能力"とは？

1. **時短に役立つ仕事術**
（会議、打ち合わせなど）
2. **確実に相手を射抜く・仕留めるコミュニケーション術**
（資料作成、プレゼン、メールなど）
3. **本質思考**
（効率的な仕事の前提となる心構え、スピリットなど）
4. **後進に伝える力・教育力**
（OJT、学ぶ心構えなど）
5. **良好な人間関係の構築能力**
（コンフリクト・マネジメントなど）
いまここ
6. **人としてのあり方**
（人間力、生き方、ポリシーなど）

ピリついた人間関係のフォローには飲み会を活用

トヨタは飲み会の多い会社（でした）

本書が刊行されるのはコロナ禍2年目の春となる2021年4月なので、いま現在はまったくそんなことはないでしょうが、私が在籍していた頃のトヨタでは、社員同士でのアフターファイブの飲み会が頻繁に行われていました。

地方企業の出身者にはよくある話かもしれませんが、転職して東京に出てきたときには「東京の会社って全然飲まないんだなぁ」とカルチャーショックを感じたものです。といっても、トヨタ退職後に私が転職したＴＢＳは、東京基準だとそれなりに飲む会社だったのですが、それでも豊田市にいた頃に比べると、その回数は圧倒的に少なかったのです（ちなみにアクセンチュアは東京基準でもあまり飲まない会社でした）。

最近はお酒を飲めない人や飲まない人も増えているので、無理に飲ますつもりは毛頭ありません。アルハラにはならないよう注意が必要です。

しかし純粋に、なぜトヨタではあそこまで飲み会が多かったのだろうと振り返って考えてみると、ひとつの理由に思い当たります。

答えはすごくシンプルで、仕事中にめちゃくちゃ怒鳴られたり、叱られたりするからでしょう。

前述したようにトヨタの現場では、会議であろうが打ち合わせであろうが忖度なしの直球で意見を述べることがよしとされます。特に生産工場には古くからそういった価値観があって、立場は関係なく「おかしいと思ったことはおかしい」と率直に意見をする風土が頑強に根付いています。

こういう空間は日本では珍しいですから、入社して間もない新人はややもするとその雰囲気に圧倒されることがあります。怒られたり罵声を浴びせられたりすることにも慣れていないため、心が折れてしまう人が少なからずいます。

私自身、何度か心が折れたことがありました。

そうすると、それを見計らったように叱った側の上司が「明日、夜空いてるか？」と声をかけてくるのです。

そうして**お酒を飲みながら率直に話し合い、「あのときのしこり」を解消すること**

が明確に意識されていたように感じます。

また急な誘いやサシでの飲み会にはなかなか応じられない場合に備えてか、グループや室、部単位での飲み会も頻繁に設定されていました。

そうした場で、業務時間中の本音の議論でピリついた人間関係を、早期に修復することが期待されていたのだと思います。

わだかまりを長期間放置すると、人間関係が容易には修復できないくらいこじれてしまうこともあります。そうした事態を避ける意図もあったのでしょう。

トヨタらしさでもある忖度なしのコミュニケーションによって、心理的に凹んだ者にはこのような形でフォローがされていました。

そのためか不思議と心がボキボキに折れるまでに叱ってくれた上司のほうが、むしろのちのち尊敬できる上司、メンター的な上司になっていくケースが多くありました。

これはかつての私の同期も総じて言っていることですし、私自身にも、そういうかつての上司が何人かいます。

お酒を飲まなくても オンラインでもかまわない

コロナの流行がまだ収まっていない現状では少々困難ですが、ウイルスの流行が収まったら、みなさんの職場でもピリついた人間関係の修復場所として、飲み会の場を再び使っていきましょう。

しばらくは**オンライン飲み会でもかまいません**。また**お酒が飲めない人はノンアルコールビールでもソフトドリンクでもまったく問題ありません**。とにかく職場とは異なる環境で、同じ食卓を囲んで話し合うことに意義があるのです。

昨今はアフターファイブの飲み会を避ける若い人も多くいますが、**同じ食卓を囲んだ者同士がより親密で、率直なコミュニケーションができるようになるのは大昔から変わりません**。電話についてもそうですが、飲み会についても、その効能を再評価すべきだと私は感じています。

みなさんの職場の状況に合わせた形で、ケースバイケースで取り入れてください。

10秒でチェック！

☑ 本音の議論でピリついた関係は
アフターファイブの席で修復できる

☑ わだかまりは
長期間放置すると悪化するので
早めに解消する

☑ 同じ食卓を囲むことで
より親密な人間関係を築ける効果は
いまでも大きい

ネガティブすぎる相手は30分怒りを寝かせてから無視する

◀◀◀

瞬間的なむかつきには アンガーコントロールで対処する

仕事ではさまざまな相手とコミュニケーションを行います。そうすると、ときには

「さすがにこれはないな」
「もう少し言い方があるんじゃないか？」
「こいつ、失礼だな」

などと感じる相手と出会うこともあると思います。

働く限りは誰かと関わって仕事を進めていかないといけません。しかし当然ながら、価値観や仕事のスタイルなどは人それぞれですから、意見の食い違いや誤解などがある程度、発生するのは避けられません。

特に社外の人とのやり取りでは、企業文化なども違うためこうした摩擦が起きやすいでしょう。

とはいえ仕事を効率的に進め、大きな成果を手にしていくには、さまざまな相手と迅速に意思疎通することが不可欠。ちょっとした怒りや憤《いきどお》りであれば、**瞬間的なア**

ンガーマネジメントを行い、不要な摩擦を回避するのもひとつの考え方です。

具体的にはよく言われるように、**カッとしたときにはすぐに言い返さずに6つ数えてから発言する**とか、**トイレなどを口実にその場から中座し、その間に気持ちを整える**などの手法です。

トヨタはお客様の命に関わる部分では遠慮なしにゴリゴリやり合いますが、そうでない部分で、しかも相手のちょっとした言葉遣いが気になるといった些細な問題であれば、こうしたおとなしい対応をすることもなくはないのです。

しかしこうした対応は、要するにこちら側が譲っているわけですから、その場はよくてもストレスが溜まります。

相手によってはこちらが引けば押してくるというか、あえてネチネチと絡んでくるような人や、自分の不機嫌さをアピールしてそれでこちらをコントロールしようとしてくる面倒な人もいます。

そうした相手と何度もやり取りせねばならない場合、なんらかの抜本的な対応をしてネガティブな接触の回数を減らし、コミュニケーションの総コストを下げねばなり

ません。

あまり譲ってばかりいると舐《な》められてしまう危険性もありますし、仕事の生産性が落ちて、その他の仕事にまで悪影響を与える可能性もあります。

トヨタの上司の意外な教え

私も社会人になりたての頃には、まだそうしたネガティブな相手への対処法を身につけていませんでした。いちいち相手の言動に反応してなだめたり、細かく説明したりと、真正面から向き合ってしまっていたのです。

そうした対応には時間もかかるため、担当していた業務全般の進捗に支障をきたすことが何度かありました。その都度、上司に「なんで、こんなに進んでないんだ?」と詰められる負のスパイラルです。

あるとき、現状や不手際の理由を説明した私に、見かねた当時の上司がこうアドバイスをしてくれました。

「そういう相手に当たって困ったときには、まず30分怒りを寝かせてみなさい。その段階で『それでもやるしかないか』と思うなら、これまでどおりに対応すればいい。

逆にその段階で『こんなの、相手をするまでもないな』と少しでも感じるのなら、それ以後は一切相手にするな。無視していい」という趣旨のことを言われたのです。

要するに「時間は有限なんだから、アホを相手にしている時間があるなら、その時間でとっとと仕事をせぇ」ということです。

この対処法は、トヨタという強者の立場を利用している面が少しありますから、読者のみなさんがそのまま利用できるかどうかは一概に言えないかもしれません。

しかし失礼すぎる相手には、業務上必要な最低限の対応だけして、枝葉のネガティブな言葉には一切反応せず無視していいという意味でなら、かなり多くの方に適用できる対処法ではないかと思っています。

この対処法には、最初は抵抗を感じるかもしれません。

「さすがに失礼になるんじゃないか」とか、次に接触したとき「お前、なんで無視しているんだ?」などと言われるんじゃないかと思う人も多いはずです。かくいう私自身も、最初はそのように感じました。

しかし上司にだまされたと思って、失礼な発言や連絡は一切無視する対応を実際に行ってみたら、しばらくするとその相手からのネガティブな接触がぴたりと止まったのです。

次にその相手と顔を合わせたときにも、こちらが何か言う前から「山本さん、このあいだは言いすぎたみたいです。すみませんでした」などと向こうから謝ってきたのです。心配は杞憂だったというわけです。

相手のためにも無視すべし

この経験を通じて、私は「**ネガティブな相手の失礼／理不尽な言動を真正面から受け止めて馬鹿正直に対応してしまうから、かえってさらなる失礼／理不尽な言動を引き出してしまうんだ**」と深く理解できました。

受け取る側がそうした行動をするから、ネガティブな相手の脳内では自分の行動が正当化されてしまうのです。

ところが**受け取る側が無視という対応をすると、ネガティブな相手のほうでも「あ！ちょっとやりすぎたかな」と自分の言動の理不尽さに気づく機会を持てます**。結果、自省して行動の修正ができるのです。

そのネガティブな相手のためにも、失礼すぎたり理不尽すぎたりする言動には真正面から反応せず、一切無視するのがよいでしょう。

もしそれでも延々と絡んでくるようなら、しかるべき相手や部署に相談して、その後の対処を考えればよいだけです。

このように対応することで、今後はあなたの大切な時間を、より生産性のある業務に充てられるようになります。成功への道も自ずと開かれるはずです。

10秒でチェック！

☑ 瞬間的な怒りや憤りには6つ数えるアンガーマネジメントで対処する

☑ 30分は怒りを寝かせて自分がどうしたいか冷静に判断する

☑ 相手の言動が失礼すぎたり理不尽すぎたりする場合は一切無視するのがお互いのため

人間は予定どおりに不合理な生き物だとはじめから認識しておく

理不尽なのはお互い様

少し話が飛びますが、人間も動物です。

理屈でも動きますが、ロボットではないので感情も言動に影響を与えます。

いえ、**多くの場合にはそのときどきの感情に言動をほとんど支配されている**と言っていいでしょう。

脳の組織もコンピュータのメモリのようには正確に働かないため、**言ったことを忘れたり、自分に都合のよいように記憶を改変したり、勘違いしたりします。**

みなさんにもこんな経験がありませんか？

上司から「これをやっておいてくれ」と言われてそのとおりに実行していたら、突然「お前、なんでそんなことやってるんだ？　そんな指示は出していないぞ」と言われる。

あるいは、あなたの脳細胞には間違いなく過去の発言内容が記憶されているのに、当の発言者から「私はそんなことは言ってません！」などと言われて、発言がなかったことにされる……。

全体としては非常に効率的で、本音でのコミュニケーションが実践されていたトヨタという組織でも、こうした理不尽な事態にはときどき遭遇しました。

しかし私たちは人間なのですから、人間が集まる組織においては、ときどきこういう理不尽な事態が起こるのは〝当たり前〟です。

それが記憶の忘却や改変によるものなのか、自分のミスを隠そうとする感情によるものなのかはわかりません。いずれにせよ、理不尽な事態はすでに起こっているのですから、必要以上にその原因を追及しても不毛です。

こういうときは、**当たり前に起こるものが不運にもたまたま自分の周りで起こってしまったと受け止め、淡々と目の前の事態を処理するように心がけましょう。**

私も新卒でトヨタに入社して3~4年ほど経つまでは、そうした理不尽な事態が起こるたびに状況に振り回され、「なんで私が……」とか「あの人が悪い！」と思い悩んだり、イライラしたりすることが何度かありました。

しかし組織のなかで働いていくうちに、人間というものは、組織というものはそういうものなのだと自然に受け入れられるようになりました。

40歳を過ぎ、世間の荒波にもそれなりに揉《も》まれてきた現在では、もはやそうした理不尽に遭遇してもほとんど何の感慨もなく、淡々と対処できるようになっています。

そもそも若い頃は周りが見えていないために気づいていないだけで、よくよく考えれば、自分だって同じように理不尽なことをたくさんしでかしているものです。言うこととやっていることが矛盾していたり、思い違いをしていたり……**結局はお互い様**なのです。

人間はときに不合理な言動をする「感情の生き物」です。

それゆえ私は、**特に対人関係においては「予定どおりに不合理」というマインドセットを維持する**ようにしています。

あまり他人に期待しすぎず、誰もがときにはミスしたり、理不尽な言動をとったりすることがあると、あらかじめ認識しておくのです。

日頃からそれぐらいのマインドセットでいたほうが、職場でのビジネスコミュニケーションや対人関係、さらにはプライベートでの人間関係においても、ストレスなくスムーズに対処できるようになります。

あまり人に期待しすぎると碌《ろく》なことがありません。あえて感情の感度を下げて、「また言ってるよ」くらいの受け止めで一喜一憂しないことをお勧めします。

不合理はどこにでもあるから いちいちつまずかない

ちなみに、こうした理不尽は本当にどこにでもあります。

現在の私は経営コンサルタントとしてさまざまな企業を訪問していますが、日本企業でも外資系企業でも関係なく、さまざまな理不尽に遭遇します。

本書の舞台となっているトヨタにおいても、私が直接経験した範囲内だけでなく、組織のさまざまな部分で理不尽な出来事が起こっていることを伝え聞いています。

たとえば私の新卒入社時のリクルーターだった方は、いまではトヨタでもそれなりのお偉いさんになっているのですが、私がトヨタを退職したあとに一緒に飲みに行ったとき、社内で起こった理不尽な出来事の連続に嫌気が差して、何度も会社を辞めようと思ったことがあると教えてくれました。

世間では大企業で出世した順風満帆の存在に見えても、組織で働いていれば「予定どおりに不合理」な出来事に必ず遭遇するのです。

その方は「現状を考えれば、結局、辞めんでよかったよ」という趣旨のこともおっしゃっていて、ときどき遭遇するのを避けられない不合理な出来事に、淡々と対処することの重要性も教えてくれました。

誰しも不完全な人間なのですから完璧はありえません。言ったことも忘れるし、都合が悪くなれば態度も変えます。

はじめからそう理解していれば、理不尽なことが起きたとしても「またか」の3文字で済ますことができます。いちいち立ち止まらないので、それ以降の時間も有効活用できます。コミュニケーションや人間関係の分野でつまずく回数も大いに減るでしょう。

みなさんも、そうしたマインドセットを持つことをお勧めします。

10秒でチェック！

☑ 人間はそもそも不合理な存在なので完璧なんてはじめから求めない

☑ 理不尽な出来事のない組織はない

☑ 予定どおりに不合理と思っておけばコミュニケーションのストレスを減らし時間を有効活用できる

第6章

人間力を嵩上げする「配慮」のつくり方

現在地の確認

仕事の生産性を上げるのに必要な“ギガ速なコミュニケーション能力”とは？

1. **時短に役立つ仕事術**
（会議、打ち合わせなど）
2. **確実に相手を射抜く・仕留めるコミュニケーション術**
（資料作成、プレゼン、メールなど）
3. **本質思考**
（効率的な仕事の前提となる心構え、スピリットなど）
4. **後進に伝える力・教育力**
（OJT、学ぶ心構えなど）
5. **良好な人間関係の構築能力**
（コンフリクト・マネジメントなど）
6. **人としてのあり方**
（人間力、生き方、ポリシーなど）

いまここ

自らを凡人だと認識して開き直る

本当の天才たちと接してきたからこそ……

何度か述べていますが、私はトヨタを退職後にまったく畑違いのテレビ局のＴＢＳに転職しました。

その当時は仕事柄、素晴らしい演技をする俳優さんや、考えられないような語り口で爆発的な笑いを引き起こす芸人さん、豊かな感性を持ったミュージシャンなどなど、才能の塊のような人たちとお会いする機会が多々ありました。

そういった非凡な方々、いわば「天才たち」と接したときには、やっぱり本当にすごいな、テレビで観ていた以上なんだな、と心の底から感服させられました。

同時に、**自分がいかに凡人であるか**ということも否応なく再認識させられました。

だからといって、そういう人たちのことをうらやましがるとか、逆に、自分は才能がなくてダメだと必要以上に卑下するようなことはありませんでした。

それはもしかしたら、**トヨタでの経験から、凡人であっても世界一の仕事はできる、**

世界一愛される車もつくれるということを、肌感覚で理解していたからなのかもしれません。

読者のみなさんは、自分もそういう非凡な存在になりたいとか、才能を持った人に対する憧れのような気持ちを抱いたりしているでしょうか？　もう少し踏み込んで言うと、みなさんもそのような才能のある人材になりたいと思っていますか？

もちろん若い人たちが自らの可能性を信じ、自分の才能を伸ばそうと努力することに異を唱えることは決してしません。

しかし、あなたがすでに20代半ば以降で、現状ではそうした天性の才能のようなものを発揮していないのであれば、もうそろそろ自分が凡人であると受け入れることも必要になるでしょう。

少なくとも
イタい人にはならないで！

特に避けなければならないのは、「自分には才能がある」と勘違いをしたまま、周

囲にも横柄な態度をとってしまうことです。

自分に才能があると勘違いをしたまま生きていると、「おれは（私は）才能があるのに、なぜ周りは認めないんだ」とか、「どうせこいつらは馬鹿だからな」などと相手を見下してしまうことがあります。実際に私もそういう人たちには何度か会ったことがあり、そのたびに辟易とさせられました。

そこにはもしかすると、周りからチヤホヤされたい願望や、そういう状態になればきっと幸せに違いないという思い込みがあるのかもしれませんが、周囲の人間から見たらただの「イタい人」です。

そういう生き方はしんどいでしょうし、周囲の人とのコミュニケーションにも問題を生じます。少なくとも世のなかのことがある程度わかる年齢になったら、自分の才能を過剰に信じることはやめなければなりません。

開き直りが日本企業の強さを引き出す

はっきり言ってしまえば、ほとんどの人は凡人です。限られたほんのひとにぎりの本当の天才以外は、みんな凡人なのです。

私も凡人。あなたも凡人。あなたの職場の同僚も上司もほぼ全員が凡人です。

しかし、それでかまいません。

スポーツや芸術の分野では本当の天才でなければトップをとることはできませんが、**ビジネスでは凡人でもやり方次第で十分戦える**からです。

実際、**トヨタはどこまでいっても凡人の会社**でした。みなさんの抱いている企業イメージもそうではありませんか？

もちろん、なかにはとてつもない才能を持った社員や、光り輝くような経歴を有した社員、各界で素晴らしい業績を上げてきた経営陣などもいました。

しかしほとんどの社員は、ごく普通のサラリーマンやＯＬ、あるいはエンジニアや工員だったのです。

そうした凡人が大多数の会社ですが、世界の第一線を走り続けています。

そして肝心のトヨタ車を一台一台、高い品質で生産し、販売し続けているのは、そんな普通の才能どうしを極限までに効率化し合った従業員の方々なのです。

凡人だからといって人生をあきらめたり、絶望したりする必要はまったくありません。凡人には凡人なりの生き方や勝負の仕方があります。

自分のことを凡人だと認識したうえで、才能が足りない部分は素直に周囲にアドバイスや助けを求めること。勘違いした〝上から目線〟で周囲に接するのではなくて、**「ご縁を大切にさせてもらう」気持ちを持って、日頃から感謝を忘れずに生きること**です。

そのようにしてチームの強みを発揮し、組織全体で大きな物事を成し遂げていくのがトヨタの強みであり、私たち日本人の強みでもあります。

そうした強みを十全に発揮するためにも、自分の才能のなさを認める謙虚さ、あるいは開き直りの心構えをぜひ身につけてください。

10秒でチェック！

☑ 私たちのほとんどは凡人
それを受け入れ開き直る

☑ 遅くとも30歳近くになったら
現実を受け入れよう

☑ ビジネスは凡人でも十分勝てる
開き直って周囲にアドバイスや助けを求め
組織で戦う

ご縁を大切にし常に感謝の気持ちを持つ

よい出会いも困難な関係もすべては「ご縁」

本書の最後の項目なので、少しトヨタからは外れて、私個人が大事にしている心構えについても、ふたつだけ紹介させてもらいます。

まず、**私は「ご縁」というものを大切にしています**。

ひと口に「ご縁」と言ってもその定義は人それぞれです。しかし私の理解としては、それは「運に導かれた出会い」のことだと考えています。

人間、生きていればいいことも悪いこともあります。そのなかで巡り合ったさまざまな出会いがご縁です。

私の場合は、トヨタに勤めて愛知県にいたときは、自分で言うのもなんですが、それなりに順風満帆だったと思います。おかげさまで、幸運な出会いにもたくさん恵まれました。

転職して東京にきてからは、もちろんいいこともありましたが、トヨタという巨大な存在に守られていた環境から世間の荒波のなかに放り込まれて、ここでは詳しく書きませんがどちらかと言えばマイナスなこと、みなさんが「それは、さすがにつらいよね」と感じるような出来事を多く経験してきました。

しかしいまにして思えば、そうした困難な状況のなかで出会った人たち、なかには対立したり、反目したりした人たちも含めて、ひっくるめて大切なご縁をいただいたと考えています。

では、そうしたさまざまなご縁にはどうすれば巡り合えるのかというと、基本的には**毎日時間を無駄にせず働くこと、一日一日を自分が正しいと思う方法で生きること、これしかない**のだと思います。

たとえば私はいまでもトヨタ時代の同期や先輩、上司の方々とのお付き合いがありますが、トヨタにいたときに精一杯頑張って働いていなかったら、あるいはどうせ転職するからと不貞腐れて働いていたら、きっともう相手にされていないはずです（まぁ、トヨタ時代も本当に毎日フルスロットルで頑張っていたかと言えば、人間ですから日々モチベーションに上下があり、嘘になってしまうと思います。それでも、比較的頑張っていたほうだったとは思っています）。

私の頑張りを見てくださっていたからこそ、「今度会わない？」などとご連絡をいただいたり、逆に仕事で迷ったときにはかつての大先輩にアドバイスを乞うて、答えてもらえたりしているのだと思います。

本当に、とにかくありがたいことだと感じています。

仮によいご縁に巡り合うためのノウハウ的なものがあるとすれば、**人の悪口を言わないとか、むやみに現状を愚痴らない**とか、そういうことには気をつけるようにしていますので、それはみなさんにもお勧めできるかもしれません。

また、**巡り合えたご縁をむやみに直接的な利益に結びつけないようにする**ことも、心がけとして持っておくべきだろうと感じています。

実際、私は自分の会社を設立して以来、過去のご縁に自分から営業をかけたことは一度もありません。しかし、むしろだからこそ、ビジネスの話を持ちかけられることが何度かあったな、と感じています。

現在の私は経営コンサルタントですから、以前にご縁をいただいた方たちから、ちょっとした相談を持ちかけられることがあるのです。

ただしそれは、全体のご縁の数から見れば10分の1にもなりませんから、そこに期待をするのは筋が違うのだろうと思っています。最初から見返りを期待してのご縁なんて、やっぱり寂しいですしね。

日常生活のなかで感謝の気持ちを持とう

このほか、日常生活においてすべてに感謝の気持ちを持つことも大事にしています。

実は私は大学生のときに大きなバイクの事故に遭い、生きるか死ぬかの経験をしたことがあります。

その事故以降、日常生活で出会うすべての人に対し、自然に感謝の気持ちを持てるようになりました。何しろ本当に死ぬ寸前まで行きましたから、退院直後などは生きているだけで多幸感があるくらいの心持ちだったのです。

たとえばお世辞にも接客態度がよいとは言えない無愛想なタクシーの運転手さんに遭遇したりしたときも、降り際に「ありがとうございます」と笑顔で挨拶できるようになりました。

そして、**そんなふうに周りの人すべてに感謝の気持ちを持って接するようになると、周囲の自分への関わり方も大きく変わることがよくわかりました**。

これは相手の立場になってシミュレーションしてみれば、すぐに理由がわかります。人は誰でもそうだと思いますが、自分に敵意や憎悪を持って接してきた人物には、こちらも敵意や憎悪を返します。

しかし最初から感謝の気持ちを持って接してきた相手には、少なくとも相手の言い分くらいは聞いてやろうかな、という気持ちになるのです。

周りに感謝の気持ちを持つことは、コミュニケーション全般においての特効薬になります。私はそれを、事故に遭った経験から実感を持って理解できました。みなさんもぜひ、周囲の人に対して日頃から感謝の気持ちを持って接するようにしましょう。

「ありがとうございます」

何をするにしても、まずはここから入ってみてください。

いまどんなコミュニケーションの問題を抱えている人でも、これだけで、大抵の問題は解決されると私は信じています。

☑ 毎日を精一杯生きていれば
自然とよいご縁に恵まれる

☑ 巡り合えたご縁は人生を豊かにしてくれるが
経済的な利益につなげようとは
しないほうがいい

☑ 感謝の気持ちで相手に接することこそ
あらゆるコミュニケーション問題の特効薬

トヨタの会議は30分　～おわりに～

本書を最後まで読んでいただき、ありがとうございます。

少々唐突ですが、みなさんはこれからの時代、コミュニケーションのあり方はどのように変化していくと思いますか？

私自身は、**密なコミュニケーションと薄いコミュニケーションで、次第に二極化する可能性が高いのではないか**と考えています。

たとえば仕事で、営業パーソンが新規営業のために見込み先へと飛び込み訪問をして、まだまったく知り合っていない段階の人に「ご挨拶だけさせてください！」とお願いする——そういった形のコミュニケーションは、コロナ禍の影響もあり現在、急速に消滅していっています。

同じように年賀状やお歳暮・お中元、年末年始のご挨拶といった儀礼的な交流も、必要最低限のものだけが残るなど、原則的にビジネスでのコミュニケーションは無駄がどんどん排除されていき、全体としては〝薄く〟なっていくのではないでしょうか。

その結果として、本当に必要な部分のコミュニケーションは逆に〝密〟になり、儀礼的な挨拶や無駄なやり取りを排した、骨太で直球なやり取りが求められるようになる。そんな気がしています。

たとえばコロナウイルスの流行下で、みなさんのなかにもテレワークを経験した人が多かったと思いますが、**テレワークというのは交流したくない人との接触をかなりの程度、自らの裁量で減らせる仕事の仕方だ**と思います。

もちろん仕事ですから、ある程度は儀礼的なコミュニケーションや定型報告なども必要です。

しかしそうしたやり取りは、メールやビジネスコミュニケーションツールなどの文字ベースだけで済ませ、顔を見せたやり取りや肉声を使った交渉は、本当に必要な部分だけに限定することが簡単にできます。

そして今後はＡＩ（人工知能）が進化してきますから、**文字ベースでの定型的なやり取りや儀礼的なやり取りは、ＡＩが半自動的に対処してくれるようになる可能性が高い**でしょう。

すでに文字や音声だけの簡単なやり取り、たとえば飲食店のテイクアウトの受注業務などなら、依頼者が相手がＡＩだと気づかないくらいスムーズに受発注できるシステムも開発され、実用化の段階に入っています。

ただしＡＩは、定型的なコミュニケーション以外はまだ苦手です。

すでに、こうきたらこう返す、こう言われたらこう言う、という一方通行の組み合わせはたくさん備えるようになっていますが、相手の発言の内容からいろいろな要素を類推し、そのときどきの状況や相手が誰かに応じて返事の内容を変え、ＴＰＯに合った最適なひと言を返す、ということはまだできていません。それを実現するにはかなり時間がかかります。

ということは、**テレワークとＡＩの組み合わせによって、今後はますます定型的・**

儀礼的なコミュニケーションは半自動的に処理されるようになり、ＡＩが担当できない人対人の深いコミュニケーションだけが残るようになります。

平成の時代に業務のＩＴ化で膨大に増えたビジネスコミュニケーションの機会が、令和の時代には逆に厳選されて減少し、意外と昭和の時代に近いくらいの頻度と密度に戻っていくのではないか……そんな感触を抱いているのです。

そのような新しい時代のコミュニケーションでは、私の古巣であり、社会人としての原点でもあるトヨタで行われている直球で骨太、ギガ速な仕事の仕方やコミュニケーション術が大いに役立つはず。

本書ではそんな直感をもとに、あくまで私自身が見聞きした範囲ではありますが、実際にトヨタで行われていた、また現在も行われているであろう仕事術について紹介しました。最後まで読んでいただいた読者のみなさんには、その具体的な内容について一定の理解をしていただけたのではないかと思っています。

なかには読者のみなさんがいま置かれている状況に合致しないものもあるでしょう。そこはケースバイケースで取捨選択していただき、みなさんの今後の仕事に少しでも取り入れていただければ幸いです。そして日本経済全体を思いきり活性化する一助にしていただければ、著者としてこれ以上の喜びはありません。

また、この本を出版するにあたっては、ここに名前を書ききれないくらい、本当に多くの方にお世話になりました。紙幅の都合上、すべての方のお名前を書くことはできませんが、この場を借りてお礼申し上げます。特に執筆を陰ながら支えてくれた家族や会社の仲間に「ありがとう」の言を贈ります。また、公私にわたりいつもお力添えをいただいている樋口直樹さん、ネクストサービス株式会社の松尾昭仁さん、すばる舎の菅沼真弘さんと同社の方々、そして私を育ててくださった古巣であるトヨタのみなさまに、この場を借りて感謝申し上げます。

最後に、この本を手にとってくださった読者のみなさま全員に幸せな人生が訪れるようお祈りして、筆を置かせていただきます。

さぁみなさん、無用な忖度なんてやめて、〝足もとからも〟日本経済を復活させていきましょう!

〈著者紹介〉 **山本 大平** （やまもと・だいへい）

戦略コンサルタント／事業プロデューサー

2004年に京都大学大学院エネルギー科学研究科を修了後、新卒でトヨタ自動車に入社し、長らく新型車の開発業務に携わる。トヨタ全グループで開催される多変量解析の大会での優勝経験を持つほか、常務役員表彰・副社長表彰を受賞する。

その後、TBSテレビへ転職。「日曜劇場」「レコード大賞」「SASUKE」など、主にTBSの看板番組にてプロモーション及びマーケティング戦略を数多く手掛ける。また、TBS在籍時には古巣であるトヨタの創業期を描いたスペシャルドラマ「LEADERS リーダーズ」のアシスタントプロデューサーとしてドラマ制作にも携わる。

さらにアクセンチュアでのマネージャー経験などを経て、2018年にマーケティング総合支援会社F6 Design株式会社を設立し代表取締役に就任。トヨタ式問題解決手法をさらにカイゼンし、統計学を駆使した独自のマーケティングメソッドを開発。企業／事業の新規プロデュース、ブランディング、AI活用といった領域でのコンサルティングを得意としている。

これまでにアコーディア・ゴルフ執行役員CMO、DMM.make AKIBA戦略顧問、BNGパートナーズ社外CMOなど、大手からベンチャーまで数多くの企業の要職を歴任／兼任中。

趣味はアウトドア、野球。

| F6 Design株式会社　　https://f6design.co.jp/

トヨタの会議は30分
GAFAMやBATHにも負けない
最速・骨太の
ビジネスコミュニケーション術

2021年 4月 14日　第1刷発行
2021年 10月 12日　第8刷発行

著　者――山本 大平
発行者――徳留 慶太郎
発行所――株式会社すばる舎
〒170-0013 東京都豊島区東池袋3-9-7 東池袋織本ビル
TEL 03-3981-8651（代表） 03-3981-0767（営業部）
FAX 03-3981-8638
http://www.subarusya.jp/
印　刷――株式会社光邦

ISBN978-4-7991-0949-6